TOMÁS DE KEMPIS

IMITAÇÃO DE CRISTO

Tradução
P. Fausto Santa Catarina, sdb

Revisão geral
D. Hilário Moser

Direção editorial:	Pe. Fábio Evaristo R. Silva, C.Ss.R.
	Pe. José Luís Queimado, C.Ss.R.
Conselho editorial:	Cláudio Anselmo Santos Silva, C.Ss.R.
	Edvaldo Manoel Araújo, C.Ss.R.
	Ferdinando Mancilio, C.Ss.R.
	Gilberto Paiva, C.Ss.R.
	Marco Lucas Tomaz, C.Ss.R.
	Victor Hugo Lapenta, C.Ss.R.
Coordenação editorial:	Ana Lúcia de Castro Leite
Diagramação e capa:	Mauricio Pereira

Dados Internacionais de Catalogação na Publicação (CIP) de acordo com ISBD

```
K32i   Kempis, Tomás de

           Imitação de Cristo / Tomás de Kempis ; traduzido por P. Fausto Santa
       Catarina, sdb. - Aparecida: Editora Santuário, 2024.
           304 p.; 11cm x 15cm.

           Tradução de: L'Imitation de Jésus-Christ
           ISBN 978-65-5527-370-0

           1. Religião. 2. Cristianismo. 3. Espiritualidade. 4. Jesus Cristo. 5.
       Meditações. 6. Orações. 7. Vida cristã. I. P. Fausto Santa Catarina, sdb. II.
       Título.

                                                                      CDD 240
2023-3582                                                             CDU 24
```

Elaborado por Vagner Rodolfo da Silva - CRB-8/9410

Índice para catálogo sistemático:
1. Religião: Cristianismo 240
2. Religião: Cristianismo 24

2ª impressão

Todos os direitos reservados à **EDITORA SANTUÁRIO** – 2025

Rua Pe. Claro Monteiro, 342 – 12570-045 – Aparecida-SP
Tel.: 12 3104-2000 – Televendas: 0800 - 0 16 00 04
www.editorasantuario.com.br
vendas@editorasantuario.com.br

APRESENTAÇÃO

A EDITORA SANTUÁRIO tem a satisfação de oferecer a seus leitores e leitoras o precioso texto da *Imitação de Cristo*, na tradução do P. Fausto Santa Catarina, sdb (*in memoriam*). Trata-se de tradução primorosa, até mesmo poética, clássica. Em tempos idos, foi publicada pela Editora Salesiana Dom Bosco, de São Paulo, agora extinta. Esta nova edição pela Editora Santuário faz reviver uma tradução que pessoalmente considero um verdadeiro "monumento" literário que enriquece qualquer editora, qualquer biblioteca. Com vistas à nova publicação, praticou-se uma revisão geral, que se limitou, porém, a pouquíssimos retoques, para em nada afetar o estilo do tradutor.

Redigida em tempos e contextos muito diferentes dos nossos, a *Imitação de Cristo* pode ser acusada de estar ultrapassada. Não é bem assim. Basta lê-la para dar-se conta de seu precioso conteúdo. Quem a ler e meditar saberá discernir o que mais lhe convém, deixando para trás o que a sucessão dos anos tornou menos adequado para o nosso tempo.

Sem dúvida, o melhor texto para o seguimento de Cristo é o Evangelho. Todavia, a *Imitação de Cristo* – livrinho que teve o maior número de edições depois da Bíblia – vem em ajuda de quem deseja aprofundar na meditação e traduzir no dia a dia o que Jesus ensinou com suas palavras e seu exemplo.

D. Hilário Moser, sdb
Bispo Emérito de Tubarão, SC

PREFÁCIO

O livrinho humilde que, depois de conhecido sob diversos títulos, passou a chamar-se definitivamente *A Imitação de Cristo*, vem atravessando vitoriosamente os tempos, afirmando-se nas inumeráveis edições do original latino, e nas muitas traduções em línguas diversas, cedendo somente à Bíblia o primeiro posto.

Brotado da inteligência e do coração de um santo escritor medieval, indiscutivelmente psicólogo profundo e alma extremamente familiarizada com o sobrenatural, foi e será sempre uma obra clássica da espiritualidade cristã. Ressumando de suas linhas toda uma experiência vivida, entretecida de lutas e vitórias, paixões alvoroçadas e arrependimentos sinceros, alegrias e tristezas, aridez e fervor, e, por fim, a união íntima com Deus, proporcionou sólido alimento espiritual a Santos, a almas torturadas pela dúvida ou corroídas pelo remorso, e a neófitos da santidade. Porque é um livro que atinge a natureza na sua própria essência, indo ao encontro das eternas aspirações da alma humana, com brilhante folha de serviço prestado e infinitas possibilidades de bem fazer.

Estudiosos procuram enquadrá-lo em seu justo ambiente de tempo e lugar, fascinados pela curiosidade científica de decifrar o enigma de seu autor. De aí centenas de publicações versando a espinhosa questão.

Copiada a princípio e depois impressa, a *Imitação* por muitos anos correu anônima pela Europa, ou sob diferentes nomes de autor, como S. Agostinho, S. Bernardo, S. Anselmo, S. Boaventura etc., e especialmente João Gerson, João Gersen e Tomás Kempis. Candidaturas mais recentes não lograram sobreviver, como não sobreviveu a teoria do *rapiarium*, ou seja, a formação gradual da *Imitação* por obra de desconhecidos monges medievais (de aí o assentar-lhe bem o anonimato).

Foi em princípio do séc. XVII que se delinearam as duas correntes mais poderosas, uma vez descartada por ambas a autoria de João Gerson (Jean Charlier de Jarson).[1]

Tomás de Kempis, cônego regular agostiniano, da Congregação hoje extinta de Windesheim (Holanda), teria escrito os livros que hoje constituem a *Imitação* em princípio do séc. XV: quatro opúsculos independentes, que não visavam constituir um tratado único.

Os partidários de João Gersen, abade do mosteiro de S. Estêvão, em Vercelli (Itália), entre 1223 e 1240, apresentam

---

[1] João Gerson foi chanceler da Universidade de Paris no século XV. A igualdade dos nomes (João) e a semelhança dos sobrenomes (Gersen, Gerson) geraram o equívoco que lhe atribuiu a autoria do livro.

razoável número de códigos dos séculos XIII e XIV e reduzem Kempis à simples categoria de copista.[2]

Os critérios internos fornecem argumentos para ambos os lados. No terreno filológico, se os primeiros descobrem influxos linguísticos dos Países Baixos na linguagem latina, os segundos apontam nela numerosos italianismos...

O leitor interessado poderá percorrer a literatura especializada e, depois de sopesar os muitos argumentos, decidir-se por uma ou outra corrente. O texto certamente nada ganhará em valor intrínseco com a possível fixação do autor, que, coerente com a sua doutrina,[3] preferiu permanecer anônimo.

* * *

A *Imitação de Cristo* compõe-se de quatro livros: Avisos úteis para a vida espiritual – Exortações à vida interior – A consolação interior – O Sacramento da Eucaristia.

---

[2] Segundo um manuscrito de 1459, Tomás de Kempis reuniu (*collegit*) os quatro livros da Imitação. Na realidade, transcreveu-os para seu uso pessoal, na seguinte ordem: I, II, IV, III. Em manuscritos posteriores, o verbo *collegit* evoluiu para o substantivo *compilator* (no latim clássico *compilare* significa saquear, roubar; no medieval, recolher, reunir). De *compilador* a autor o passo era mais fácil.

[3] "Estima ser ignorado e tido em nenhuma conta" (L 1°, II, 3); "Não indagues quem o disse, mas considera o que se diz" (L 1°, V, 1).

O primeiro livro pode condensar-se no título do primeiro capítulo e na frase final do último: "O desprezo de todas as vaidades do mundo" e "Haverás de progredir na medida da violência que a ti mesmo fizeres". Desapegada do mundo e sobretudo da ciência vã, a alma dispõe-se a seguir a Cristo no fervor da vida religiosa e na prática generosa e decidida da humildade, prudência, obediência, recolhimento, paciência e caridade fraterna. Tais virtudes se retemperam na prática constante dos exercícios espirituais. Assim se mantém a compunção do coração. O capítulo XXV: "A fervorosa emenda de toda a nossa vida", sugere úteis propósitos.

No capítulo quarto do segundo livro encontram-se as linhas-mestras da espiritualidade da *Imitação*, que objetiva levar o homem à liberdade da alma mediante duas virtudes especialmente: a simplicidade ou retidão de intenção e a pureza de coração ou da afeição. O livro todo, pode-se afirmar, desenvolve esse tema, concluindo com o amor à cruz, apontado como a via régia, a estrada real para atingir a intimidade com o Deus crucificado. Mais resumidamente: a alma penetra na intimidade de Jesus, o amigo fiel, pela paz no sofrimento aceito, pela paciência que atinge o auge no amor à cruz.

No terceiro livro reencontram-se os temas do primeiro, harmonizados mais profundamente, com nova vibração afetiva. Deus fala à alma; a alma fala a Deus; a alma fala consigo mesma. As linhas finais do capítulo LIV expõem o tema geral do livro com grande exatidão. "Quanto mais se reprime e vence a natureza, tanto maior graça nela se infunde; e cada dia, com estas novas visitas, se vai reformando o homem interior segundo a imagem de Deus."

O mais longo e sublime dos quatro, é o terceiro, o livro místico por excelência. O tema central, o amor, é cantado no capítulo V com uma unção e um lirismo que pouco ficam a dever ao hino que São Paulo entoa à caridade no capítulo XIII da primeira carta aos Coríntios. O amor se acrisola no cadinho das provações e deve ser guardado religiosamente no coração. Conduz à união mística e à oração de contemplação, renegando a natureza, a fim de fazer triunfar a graça, cuja meta final é o céu. Santa Teresa serviu-se desse livro para suas elevações e experiências místicas.

O quarto livro é um pequeno trabalho de devoção sacramental. Exaltando a excelência da Sagrada Comunhão, sua grandeza, doçura e necessidade, prepara o leitor para a recepção devota da Sagrada Comunhão, mediante admiráveis considerações, atos de humildade, arrependimento, desejo e amor. Acentua duas verdades e deveres correspondentes: a excelência divina da Eucaristia e a indignidade do homem de um lado; doutro, o apelo de Cristo e o desejo que Ele acende no coração dócil. Necessidade, pois, de profunda humildade e grande pureza de consciência, ou seja, de fervorosa preparação para a Comunhão frequente, tão frequente quanto possível nas circunstâncias concretas da vida.

Após cantar a dignidade do sacerdócio, insiste na adequada preparação para o Santo Sacrifício e no oferecimento de si mesmo que o sacerdote fará a Deus durante a celebração.

* * *

"Testamento melancólico da Idade Média" para alguém, "o mais belo livro saído da mão de homem" para outro, ou ainda, "o quinto Evangelho" para um terceiro, a *Imitação* conserva hoje o seu valor, sobrepondo-se às contingências de um mundo em transformação.

Sua benéfica influência extravasa o ambiente católico, para fazer-se sentir entre protestantes, agnósticos e não cristãos. Thomas Merton, ainda incrédulo, leu-a a conselho do brâmane hindu Bramachasi, e confessa que sua leitura despertou nele um dos primeiros impulsos que o dispuseram à conversão.

É bem verdade que o leitor avisado deve situá-la na época e ambiente em que foi concebida e escrita, e que algumas de suas afirmações seriam hoje reformuladas, à luz sobretudo dos documentos conciliares, que se expressam em termos otimistas quanto ao valor da pessoa humana, da sociedade e do mundo. Mas, não obstante as restrições que se lhe possam opor, continuará ainda, como o tem feito desde o seu aparecimento, a alimentar a piedade cristã, a confortar corações, a aclarar caminhos, a edificar e santificar, na medida em que é expressão admirável e humana das grandes verdades eternas do Evangelho.

A presente edição deseja humildemente contribuir para tão elevadas finalidades.

P. Fausto Santa Catarina, sdb

Capítulo I
A IMITAÇÃO DE CRISTO E O DESPREZO
DE TODAS AS VAIDADES DO MUNDO

1. *QUEM me segue não anda em trevas* (Jo 8,12), diz o Senhor.

São estas as palavras de Cristo que nos exortam a imitarmos sua vida e costumes, se verdadeiramente quisermos ser iluminados e livres de toda a cegueira de coração.

Seja, pois, nosso principal empenho meditar a vida de Jesus Cristo.

2. A doutrina de Cristo excede todas as doutrinas dos Santos, e quem tiver o seu espírito há de encontrar o maná nela escondido.

Acontece, porém, que muitos, apesar de ouvirem amiúde o Evangelho, pouco fervor experimentam, porque não possuem o espírito de Cristo.

Quem quiser, pois, compreender perfeitamente e saborear as palavras de Cristo, deve aplicar-se em conformar com Ele toda a sua vida.

3. Que te aproveita discorrer profundamente sobre a Trindade, se não és humilde e, assim, desagradas à mesma Trindade?

Certamente palavras sublimes não fazem o homem santo e justo; mas a vida virtuosa o torna agradável a Deus.

Prefiro sentir a compunção a saber-lhe a definição.

Soubesses de cor toda a Bíblia e as sentenças de todos os filósofos, que te aproveitaria tudo isto sem o amor e a graça de Deus?

Vaidade das vaidades, é tudo vaidade (Ecl 1,2), exceto amar a Deus e só a Ele servir.

Esta é a suma sabedoria: pelo desprezo do mundo tender para o reino dos céus.

4. Vaidade é, pois, buscar riquezas perecíveis e nelas pôr a esperança.

Vaidade é também ambicionar honras, e elevar-se a posições de destaque.

Vaidade seguir as solicitações da carne e desejar o que mais tarde será severamente punido.

Vaidade desejar longa vida, e não cuidar que seja boa.

Vaidade preocupar-se só com a vida presente e não prever o que há de vir depois.

Vaidade é amar o que tão depressa passa, e não demandar pressuroso a felicidade que sempre dura.

5. Lembra-te com frequência do provérbio: *Não se fartam os olhos de ver, nem os ouvidos de ouvir* (Ecl 1,8).

Procura, pois, desviar teu coração das coisas visíveis e transportá-lo às invisíveis. Porque os que seguem a própria sensualidade mancham a consciência e perdem a graça de Deus.

Capítulo II
O HUMILDE SENTIR DE SI MESMO

1. TODOS os homens, por inclinação natural, desejam saber. Mas que aproveita a ciência sem o temor de Deus?

Por certo melhor é o camponês humilde que serve a Deus, que o soberbo filósofo que, esquecido de si, observa o curso dos astros.

Quem se conhece bem despreza-se e não se compraz nos louvores humanos.

Se eu soubesse quanto há no mundo, e não tivesse caridade, que me aproveitaria aos olhos de Deus, que me há de julgar pelas obras?

2. Modera-te no demasiado desejo de saber, porque nele encontrarás grande dissipação e desengano.

Gostam os doutos de se mostrar e ser proclamados sábios.

Muita coisa há, cujo conhecimento pouco ou nada aproveita à alma.

E muito louco é quem se ocupa de coisas que não interessam à salvação.

Palavras muitas não saciam a alma; mas a vida santa conforta o coração, e a consciência pura inspira grande confiança em Deus.

3. Quanto mais e melhor souberes, com tanto maior rigor hás de ser julgado, se não viveres mais santamente.

Não te envaideças, pois, de qualquer arte ou ciência; antes, teme pelos conhecimentos que adquiriste.

Se te parece que sabes muito e o entendes muito bem, convence-te de que muito mais é o que ignoras.

Não te ensoberbeças (Rm 11,20), antes, confessa a tua ignorância.

Por que te queres antepor aos demais, quando há tantos mais doutos que tu, e mais peritos na lei?

Se queres proveitosamente saber e aprender alguma coisa, estima ser ignorado e tido em nenhuma conta.

4. O verdadeiro conhecimento e desprezo de si mesmo, eis a mais alta e mais útil lição.

Ter-se em nenhuma conta e pensar sempre bem e favoravelmente dos outros, é grande sabedoria e perfeição.

Ainda mesmo que visses alguém pecar publicamente, ou cometer alguma culpa grave, nem por isso deverias julgar-te melhor:

Porque não sabes quanto tempo poderás perseverar no bem.

Todos somos fracos, mas não tenhas a ninguém por mais fraco do que tu.

Capítulo III
A DOUTRINA DA VERDADE

1. FELIZ aquele a quem a própria Verdade ensina, não através de figuras e palavras, que passam, mas tal qual é.

Nossa razão e nossos sentidos amiúde nos enganam, e pouco alcançam.

De que aproveitam grandes especulações sobre questões ocultas e obscuras, de cuja ignorância não seremos arguidos no dia do Juízo?

Grande loucura descurarmos as coisas úteis e necessárias e aplicarmo-nos com gosto às curiosas e nocivas. *Tendo olhos, não vemos* (Sl 115,5).

2. Que se nos dá dos gêneros e das espécies?

Aquele a quem fala o Verbo eterno, de muitas questões se desembaraça.

Deste Verbo único procedem todas as coisas, e todas só a Ele proclamam: e Ele é o Princípio que em nós também fala.

Sem Ele ninguém entende ou julga retamente.

Aquele que tudo encontra na Unidade, que tudo refere a esta Unidade e nela tudo vê, pode ter o coração firme, e permanecer em paz no seio de Deus.

Oh! Verdade que sois o mesmo Deus! Fazei-me uma coisa só convosco em caridade perpétua!

Enfada-me, muitas vezes, ler e ouvir tantas coisas: em Vós se encontra quanto quero e desejo!

Calem-se todos os doutores; emudeçam as crianças todas em vossa presença; falai-me Vós só.

3. Quanto mais alguém se recolher em si mesmo, e se tornar simples de coração, tanto mais e maiores coisas entenderá sem esforço; porque do alto recebe a luz da inteligência.

A alma pura, simples e constante não se perde em muitas ocupações, porque tudo faz para honra de Deus, e se esforça por manter-se despreocupada de todo interesse pessoal.

Quem mais te embaraça e perturba, que os teus imortificados afetos do coração?

O homem bom e piedoso dispõe primeiro no seu interior as obras que há de fazer externamente. Assim elas não o arrastam aos desejos de uma inclinação viciosa, mas ele as submete ao arbítrio da reta razão.

Quem trava maior combate, que aquele que se esforça por vencer-se a si mesmo?

E deverá ser este o nosso empenho: vencermo-nos a nós mesmos, tornarmo-nos cada dia mais fortes, e fazermos algum progresso no bem.

4. Toda perfeição, nesta vida, traz consigo alguma imperfeição, e qualquer concepção de nossa mente anda mesclada de alguma sombra.

O humilde conhecimento de ti mesmo é caminho mais certo para Deus que as profundas especulações da ciência.

Não se deve culpar a ciência, nem o simples conhecimento das coisas, que considerados em si são bons e ordenados por Deus: sempre, porém, se lhes há de preferir a boa consciência e a vida virtuosa.

Mas porque muitos se empenham mais em saber do que em bem viver, por isso muitas vezes erram, e pouco ou quase nenhum fruto colhem.

5. Oh! Pusessem tamanho cuidado em extirpar os vícios e plantar virtudes, como põem em agitar questões, não haveria tantos males e escândalos no povo, nem tanta relaxação nos claustros.

Certamente no dia do juízo não se perguntará o que lemos, mas o que fizemos; nem quão bem falamos, senão quão santamente vivemos.

Dize-me: onde estão agora todos aqueles senhores e mestres, que bem conheceste quando ainda viviam e floresciam nas escolas?

Já outros possuem suas prebendas, e nem sei se deles se lembram. Em vida pareciam ser alguma coisa, e hoje deles nenhuma palavra.

6. Oh! Quão depressa passa a glória do mundo! Prouvera a Deus lhes houvesse a vida concordado com a ciência! Teriam então lido e estudado com proveito!

Quantos perecem no mundo por sua ciência vã, que lhes faz descuidar do serviço de Deus!

E porque antes querem ser grandes que humildes, *esvaeceram em suas cogitações* (Rm 1,21).

Verdadeiramente grande é quem tem grande caridade.

Verdadeiramente grande é quem a seus olhos é pequeno, e tem em nenhuma conta as maiores honras.

Verdadeiramente prudente é *aquele que todas as coisas terrenas tem por imundície, para ganhar a Cristo* (Fl 3,8).

E verdadeiramente sábio aquele que faz a vontade de Deus e renuncia à própria.

Capítulo IV
A PRUDÊNCIA NAS AÇÕES

1. NÃO se deve dar crédito a qualquer palavra ou impressão, mas com prudência e vagar ponderar as coisas diante de Deus.

Mas, ai! Muitas vezes acreditamos e dizemos dos outros mais facilmente o mal que o bem: tão fracos somos!

Os varões perfeitos, porém, não creem facilmente tudo o que se lhes conta, porque conhecem a fraqueza humana, inclinada ao mal e assaz leviana no falar.

2. Grande sabedoria é o não agir com precipitação, nem tampouco aferrar-se ao próprio parecer.

Sabedoria é ainda não crer indistintamente tudo o que dizem os homens, nem derramar imediatamente em ouvidos alheios o que ouvimos ou acreditamos.

Toma conselho com varão sábio e consciencioso, e procura antes instruir-te com quem é melhor do que tu, que seguir tuas próprias ideias.

A vida virtuosa faz o homem sábio segundo Deus, e experiente em muitas coisas.

Quanto mais humilde em si e mais submisso a Deus for cada um, tanto mais sábio e ponderado será em todas as ações.

Capítulo V
A LEITURA DAS SAGRADAS ESCRITURAS

1. NAS Sagradas Escrituras deve-se buscar a verdade, não a eloquência.

Toda a Escritura Sagrada deve ser lida com o mesmo espírito com que foi feita.

Havemos de buscar o proveito nas Escrituras, mais que as subtilezas de linguagem.

De tão boa vontade devemos ler os livros singelos e devotos, como os sublimes e profundos.

Não te mova a autoridade do escritor, se foi homem de muitas ou de poucas letras; mova-te a ler o amor da pura verdade.

Não indagues quem o disse, mas considera o que se diz.

2. Os homens passam, mas *a verdade do Senhor permanece para sempre* (Sl 117,2).

Deus fala-nos de diversas maneiras, sem acepção de pessoas.

Nossa curiosidade prejudica-nos muitas vezes na leitura das Escrituras, quando queremos entender e discutir o que deveríamos percorrer com simplicidade.

Se queres tirar proveito, lê com humildade, singeleza e fé, nem aspires nunca à reputação de sábio.

Interroga de boa vontade, e ouve em silêncio as palavras dos Santos; nem te desagradem as sentenças dos velhos, porque não as proferem sem razão.

Capítulo VI
AS AFEIÇÕES DESORDENADAS

1. TODAS as vezes que o homem deseja alguma coisa desordenadamente, torna-se logo inquieto.

O soberbo e o avarento não têm nunca descanso; o pobre e o humilde de espírito vivem em muita paz.

O homem que não morreu perfeitamente a si mesmo, bem depressa é tentado e vencido em coisas pequenas e vis.

O fraco de espírito, e ainda um tanto carnal e inclinado às coisas sensíveis, dificilmente pode desapegar-se de todos os desejos terrenos.

E quando deles se priva, ordinariamente se entristece; e com facilidade se irrita se alguém o contradiz.

2. Se, porém, alcança o que deseja, sente-se logo oprimido pelo remorso da consciência, por haver seguido sua paixão, que nada contribui para a paz que buscava.

Na resistência, pois, às paixões, acha-se a verdadeira paz do coração, e não em segui-las.

Não há, portanto, paz no coração do homem carnal, nem no homem entregue às coisas exteriores, mas sim no fervoroso e espiritual.

Capítulo VII
DEVE-SE FUGIR À VÃ ESPERANÇA E À SOBERBA

1. INSENSATO é quem põe sua esperança nos homens ou nas criaturas.

Não te envergonhes de servir a outrem por amor de Jesus Cristo, e parecer pobre neste mundo.

Não confies em ti mesmo, mas firma em Deus tua esperança.

Faze o que puderes, e Deus ajudará a tua boa vontade.

Não confies em tua ciência, nem na astúcia de quem quer que seja, senão na graça de Deus, que ajuda os humildes e humilha os presunçosos.

2. Se tens riquezas, não te glories nelas, nem nos amigos por serem poderosos; mas em Deus, que tudo dá e, acima de tudo, deseja dar-se a si mesmo.

Não te desvaneças da galhardia ou formosura do corpo, que com a menor enfermidade se quebranta e desfigura.

Não te comprazas de tua habilidade ou engenho, para que não desagrades a Deus, a quem pertence todo o bem natural que tiveres.

3. Não te reputes melhor que os outros, para que não sejas tido talvez por pior diante de Deus, que sabe o que há no homem.

Não te ensoberbeças com as boas obras; porque bem diversos dos juízos dos homens são os juízos de Deus, a quem muitas vezes desagrada o que aos homens contenta.

Se tiveres algum bem, pensa melhor dos outros, para assim te conservares na humildade.

Não há mal em te colocares abaixo de todos; muito, porém, se ainda a um só te preferires.

De contínua paz goza o humilde; no coração do soberbo, porém, é frequente o ciúme e a irritação.

Capítulo VIII
DEVE-SE EVITAR A DEMASIADA FAMILIARIDADE

1. *NÃO abras teu coração a todos indistintamente* (Eclo 8,22), mas trata das tuas coisas com o sábio e temente a Deus.

Com os moços e estranhos conversa pouco.

Com os ricos não sejas lisonjeiro; nem procures aparecer na presença dos grandes.

Procura a companhia dos humildes e simples, dos piedosos e de bons costumes, e trata com eles de coisas edificantes.

Não tenhas familiaridade com mulher alguma, mas em geral encomenda a Deus todas as mulheres virtuosas.

Deseja ser familiar só com Deus e seus Anjos, e evita ser conhecido dos homens.

2. Deve-se ter caridade para com todos, mas não convém ter com todos familiaridade.

Sucede algumas vezes que uma pessoa desconhecida brilha por sua boa fama; todavia, sua presença desagrada os olhos dos que a veem.

Pensamos algumas vezes agradar aos outros com a nossa intimidade, no entanto, começamos a desagradar-lhes pelos defeitos que em nós vão descobrindo.

Capítulo IX
OBEDIÊNCIA E SUBMISSÃO

1. COISA verdadeiramente grande é estar sob a obediência, viver sujeito a um Superior, e não ser senhor da própria liberdade.

Muito mais seguro é permanecer como súdito que ser superior.

Muitos vivem em obediência mais por necessidade que por amor; por isso sofrem e facilmente murmuram, e jamais chegarão à liberdade de espírito, enquanto se não submeterem de todo o coração por amor de Deus.

Por mais que andes de uma para outra parte, não acharás descanso, senão na humilde sujeição à autoridade do Superior.

A imaginação de lugares e de mudanças a muitos tem iludido.

2. Verdade é que cada um gosta de seguir seu próprio parecer, e mais se inclina para os que pensam como ele.

Mas, se Deus está em nosso meio, necessário é que renunciemos algumas vezes ao nosso modo de ver, por amor da paz.

Quem é tão sábio, que tudo possa saber inteiramente?

Não confies, pois, demasiadamente em teu próprio parecer, mas ouve de bom grado também a opinião dos outros.

Se o teu parecer for bom, e por amor de Deus o deixares para seguir o de outrem, terás nisto maior proveito.

3. Porque muitas vezes ouvi que é mais seguro ouvir e tomar conselho, que dá-lo.

Pode também acontecer que seja bom o parecer de cada um; mas não querer ceder aos outros, quando a razão ou as circunstâncias o exigem, é sinal de soberba e obstinação.

Capítulo X
DEVE-SE EVITAR A DEMASIA DAS PALAVRAS

1. EVITA quanto puderes o bulício dos homens: porque o trato de coisas mundanas, ainda que se faça com intenção pura, é muito prejudicial.

Pois depressa nos deixamos manchar e prender pela vaidade.

Bem quisera eu muitas vezes haver-me calado, e não ter estado entre os homens.

Mas, por que gostamos tanto de falar e conversar com outros, se tão poucas vezes voltamos ao silêncio sem dano da nossa consciência?

A razão por que falamos assim tão de boa vontade é que, com tais conversas, procuramos consolar-nos mutuamente, e desejamos aliviar o coração cansado de tantas preocupações.

E de muito boa vontade nos pomos a falar ou pensar nas coisas que amamos e desejamos, ou nas que nos contrariam.

2. Mas, ai! Muitas vezes em vão e sem fruto; porque esta consolação exterior é de não pouco dano à consolação interior e divina.

Vigiemos, pois, e oremos, para que não passe o tempo inutilmente.

Se for lícito e conveniente falar, dize coisas edificantes.

O mau costume e o descuido de nosso aproveitamento muito contribuem para a pouca guarda de nossa língua.

Não pouco, porém, aproveitam para o progresso espiritual as piedosas palestras sobre assuntos espirituais, especialmente quando se reúnem no Senhor pessoas animadas do mesmo coração e espírito.

Capítulo XI
A CONQUISTA DA PAZ E O ZELO DA PERFEIÇÃO

1. DE muita paz poderíamos gozar, se não nos quiséssemos meter com as conversas e ações alheias, que não nos dizem respeito.

Como pode permanecer muito tempo em paz aquele que se intromete em negócios alheios, busca a dissipação nas coisas exteriores, e dentro de si poucas ou raras vezes se recolhe?

Bem-aventurados os simples, porque terão muita paz.

2. Por que razão foram alguns Santos tão perfeitos e contemplativos?

Porque se aplicaram a mortificar inteiramente em si mesmos todos os desejos terrenos; e por isso puderam unir-se a Deus com todas as veras do coração, e atender livremente a si mesmos.

Ocupamo-nos excessivamente das nossas próprias paixões e nos deixamos influir demasiado pelas coisas que passam.

Raras vezes também vencemos perfeitamente um vício sequer, nem nos inflamamos para fazer cada dia algum progresso; por isso continuamos frouxos e tíbios.

3. Se estivéssemos inteiramente mortos a nós mesmos e de nenhum modo embaraçados em nosso interior, então poderíamos saborear as coisas divinas e adquirir alguma experiência da contemplação celestial.

O único e maior impedimento é o não estarmos ainda livres de nossas paixões e concupiscências, e não fazermos esforços para entrar no caminho perfeito dos Santos.

E quando ainda surge um pequeno contratempo, deixamo-nos imediatamente desanimar e voltamos às consolações humanas.

4. Se nos esforçássemos por perseverar na luta como varões fortes, veríamos sem dúvida descer do céu sobre nós o auxílio do Senhor.

Porque pronto está Ele a socorrer aos que pelejam e em sua graça confiam; pois, Ele mesmo nos proporciona ocasiões de combate, para que alcancemos a vitória.

Se apenas nas observâncias exteriores fazemos consistir o progresso da vida espiritual, bem depressa se extinguirá a nossa piedade.

Ponhamos o machado à raiz, para que, livres das paixões, alcancemos a paz interior.

5. Extirpássemos cada ano um vício, breve seríamos perfeitos.

Mas, agora experimentamos muitas vezes o contrário, descobrindo que éramos melhores e mais puros no princípio da conversão, que após muitos anos de profissão.

Nosso fervor e aproveitamento deviam crescer todos os dias; mas agora já se tem por muito se alguém conserva parte do primitivo fervor.

Se ao princípio fizéssemos um pouco de violência, tudo poderíamos depois fazer com facilidade e alegria.

6. Custoso é deixar os hábitos, porém mais custoso ainda é ir contra a própria vontade.

Mas, se não venceres as coisas pequenas e fáceis, como triunfarás das difíceis?

Resiste de início à tua inclinação e desfaze-te do hábito mau, para que não te arraste pouco a pouco a maiores dificuldades.

Oh! Se considerasses quanta paz desfrutarias e quanta alegria causarias aos outros, portando-te bem, creio que serias mais solícito de teu progresso espiritual.

Capítulo XII
A UTILIDADE DAS ADVERSIDADES

1. É BOM para nós termos de quando em quando alguns sofrimentos e contrariedades; porque muitas vezes fazem o homem entrar em si, lembrando-lhe que vive no desterro, e não deve pôr sua esperança em coisa nenhuma do mundo.

Bom é que algumas vezes padeçamos contradições, e que de nós se pense mal ou pouco favoravelmente, ainda quando são boas as nossas ações e intenções. Estas coisas de ordinário nos ajudam a ser humildes, e nos preservam da vanglória.

Porque então melhor procuramos a Deus por testemunha do nosso interior, quando exteriormente somos vilipendiados e desacreditados pelos homens.

2. Por isso deveria o homem de tal modo firmar-se em Deus, que lhe não fosse necessário mendigar muitas consolações humanas.

Quando o homem de boa vontade é atribulado ou tentado, ou molestado de maus pensamentos, reconhece então quanto Deus lhe é necessário e compreende que sem Ele nada pode de bom.

Entristece-se então, geme e ora pelas misérias que o afligem.

Então lhe pesa viver por mais tempo, e deseja que venha a morte, para poder *desatar-se dos laços do corpo e unir-se com Cristo* (Fl 1,23).

Então ainda se persuade que não pode haver no mundo perfeita segurança nem paz completa.

Capítulo XIII
A RESISTÊNCIA ÀS TENTAÇÕES

1. ENQUANTO vivemos neste mundo, não podemos estar sem trabalhos e tentações. Por isso está escrito em Jó: *Tentação é a vida do homem sobre a terra* (Jó 7,1).

Cada um, pois, deveria andar alertado sobre as próprias tentações e vigiar em oração, para não dar ao demônio, que não dorme nunca, mas *ronda à procura de quem devorar* (1Pd 5,8), oportunidade de enganar.

Ninguém há tão perfeito e tão santo, que não tenha de vez em quando tentações, e não podemos estar delas totalmente isentos.

2. Todavia as tentações são muitas vezes utilíssimas ao homem, ainda que molestas e graves, porque o humilham, purificam e instruem.

Todos os Santos passaram por muitas tribulações e tentações, e assim progrediram.

E os que não puderam resistir-lhes, foram reprovados e perderam-se.

Não há Ordem tão santa, nem lugar tão retirado, onde não haja tentações e adversidades.

3. Nenhum homem está inteiramente ao abrigo das tentações enquanto viver, porque em nós está a causa de que provêm as tentações, uma vez que nascemos na concupiscência.

Mal se vai uma tentação ou tribulação, sobrevém outra; e sempre teremos algo que sofrer, porque perdemos o bem de nossa felicidade original.

Muitos procuram fugir às tentações, e nelas caem mais gravemente.

Só pela fuga não as podemos vencer, mas pela paciência e verdadeira humildade nos tornamos mais fortes que todos os inimigos.

4. Quem evita somente as ocasiões exteriores e não extirpa a raiz, pouco aproveitará; antes, mais depressa lhe tornarão as tentações, e sentir-se-á pior.

Com a ajuda de Deus pouco a pouco melhor vencerás, com paciência e perseverança, do que com teu próprio esforço e fadiga.

Toma muitas vezes conselho na tentação e não trates com aspereza quem é tentado, antes procura consolá-lo como quiseras fizessem contigo.

5. O princípio de todas as tentações perigosas é a inconstância e a falta de confiança em Deus, porque assim como

as ondas lançam de uma parte para outra a nau sem leme, assim tentações de toda sorte combatem o homem remisso e inconstante em seus propósitos.

O fogo prova o ferro, e a tentação o homem justo.

Não sabemos muitas vezes do que somos capazes, mas a tentação mostra-nos o que somos.

Devemos, todavia, vigiar principalmente no princípio da tentação; porque mais fácil é vencer o inimigo, quando de nenhum modo o deixamos passar pela porta da alma; mas lhe saímos ao encontro assim que bate, se pusermos os pés fora do limiar.

Por isso disse alguém: "Resiste desde o princípio, chega tarde o remédio, quando pela muita demora cresceram os males" (*Ovídio, De Remediis 2,91*).

Porque, primeiramente apresenta-se à mente um simples pensamento, a seguir uma viva imaginação, depois o deleite, o movimento desordenado e o consentimento.

E assim, aos poucos, o inimigo maligno penetra de vez, porque se lhe não resistiu no princípio.

E quanto mais preguiçoso for alguém em resistir-lhe, tanto mais fraco se tornará cada dia, e mais poderoso contra ele o inimigo.

6. Uns padecem maiores tentações no princípio de sua conversão, outros ao contrário no fim. Alguns, porém, são atormentados durante quase toda a vida.

Alguns são tentados muito brandamente, segundo as disposições da sabedoria e justiça divinas, que ponderam o estado e os méritos dos homens, e tudo ordenam para a salvação de seus eleitos.

7. Por isso não devemos perder a confiança quando somos tentados: mas rogar a Deus com maior fervor que se digne ajudar-nos em toda a provação; porque certamente, no dizer de São Paulo, *nos dará tal auxílio com a tentação* (1Cor 10,13), que lhe possamos resistir.

Humilhemos, pois, nossas almas sob a mão de Deus em qualquer tentação e tribulação, porque *Ele há de salvar e exaltar os humildes de espírito* (Sl 34,19).

8. Nas tentações e adversidades conhece o homem quanto tem aproveitado; há nelas maior merecimento, e melhor se manifesta a virtude.

Não é lá grande coisa ser o homem devoto e fervoroso, quando nada lhe dá pena; mas, se no tempo da adversidade se mantém com paciência, haverá esperança de grande progresso.

Alguns há que se defendem das grandes tentações, e são muitas vezes vencidos nas pequenas de cada dia: para que, humilhados, não presumam de si mesmos nas grandes ocasiões, quando tão fracos são nas pequenas.

Capítulo XIV
DEVE-SE EVITAR O JUÍZO TEMERÁRIO

1. VOLTA os olhos para ti mesmo, e guarda-te de julgar as ações alheias.

Em julgar os outros o homem se ocupa em vão, quase sempre se engana e facilmente peca; mas julgando-se e examinando-se a si mesmo, trabalha sempre com fruto.

De ordinário julgamos as coisas segundo a inclinação de nosso coração, pois por nosso amor-próprio facilmente falseamos o reto juízo.

Se Deus fora sempre o único objeto de nossos desejos, não nos turbaríamos tão facilmente ante a resistência à nossa vontade.

2. Muitas vezes, porém, existe alguma razão oculta ou algum motivo externo que igualmente nos atrai.

Muitos sem o saber buscam-se secretamente a si mesmos nas obras que fazem, e o ignoram.

Parecem até em perfeita paz, quando as coisas correm à medida de seus desejos; mas, se não acontecem da maneira que desejaram, logo se inquietam e entristecem.

Pela diversidade de sentimentos e opiniões, nascem frequentes discórdias entre amigos e concidadãos, entre religiosos e pessoas piedosas.

3. Hábito inveterado com dificuldade se abandona; e ninguém renuncia de bom grado a seu modo de ver.

Se te apoiares mais em tua razão e habilidade que na virtude da sujeição de Jesus Cristo, raras vezes e tarde serás iluminado; porque Deus quer que lhe sejamos perfeitamente submissos e que, inflamados no seu amor, nos elevemos acima de toda razão humana.

Capítulo XV
AS OBRAS QUE PROCEDEM DA CARIDADE

1. POR coisa nenhuma do mundo, nem por amor de ninguém, se há de praticar o mal; mas, para utilidade de quem precisa, pode-se alguma vez interromper livremente uma boa obra, ou também substituí-la por outra melhor.

Com isto não se destrói a boa obra, mas se muda em outra melhor.

Sem caridade nada vale a obra exterior; mas tudo o que se faz com caridade, por pequeno e desprezível que seja, produz abundantes frutos.

Porquanto Deus avalia mais a intenção com que se faz alguma ação, que a mesma ação em si.

2. Muito faz quem muito ama. Muito faz quem faz bem o que faz.

Bem faz quem mais serve ao bem comum que à sua vontade própria.

Parece muitas vezes ser caridade o que não passa de sensualidade; porque a inclinação natural, a vontade própria, a esperança de recompensa, o amor da comodidade, raras vezes, encontram-se ausentes.

3. Quem possuir verdadeira e perfeita caridade, em coisa nenhuma se busca a si mesmo, mas deseja que em tudo se realize tão somente a glória de Deus.

A ninguém tem inveja, porque não deseja nenhum prazer particular, nem em si mesmo quer comprazer-se; mas em Deus, acima de todos os bens, coloca a sua felicidade.

A ninguém atribui bem algum, mas tudo refere a Deus, de quem, como de fonte perene, promanam todas as coisas e em quem como em último fim repousam em gozo perfeito todos os Santos.

Oh! Quem tivesse uma centelha de verdadeira caridade, certamente sentiria que todas as coisas da terra estão cheias de vaidade.

Capítulo XVI
A TOLERÂNCIA DOS DEFEITOS ALHEIOS

1. O que não pode um homem emendar em si ou nos outros, deve tolerar com paciência até que Deus disponha de outro modo.

Considera que talvez é melhor assim para tua provação e paciência, sem a qual não são de grande valor os nossos merecimentos.

Deves, porém, pedir a Deus que se digne ajudar-te nessas dificuldades para que as possas suportar serenamente.

2. Se alguém avisado uma ou duas vezes não se emendar, não porfies com ele; mas encomenda tudo a Deus, que sabe converter o mal em bem, para que se faça a sua vontade, e seja Ele honrado em todos os seus votos.

Esforça-te por sofrer com paciência os defeitos e quaisquer fraquezas alheias, pois há muito em ti que os outros têm que suportar.

Se não podes formar-te como quiseres, como poderás ter a outrem à medida de teu desejo?

Bem desejamos sejam os outros perfeitos, e nem por isso emendamos nossos próprios defeitos.

3. Queremos que os outros sejam corrigidos com vigor, e nós não queremos ser repreendidos.

Parece-nos mal a demasiada liberdade alheia, no entanto, não queremos que se nos negue o que pedimos.

Queremos que os demais sejam oprimidos por regulamentos, e não sofremos que se nos proíba coisa alguma.

Por onde claramente se vê quão poucas vezes medimos o próximo como a nós mesmos.

Se todos fossem perfeitos, que teríamos então que sofrer dos outros por amor de Deus?

4. Deus, porém, assim o dispôs, para que aprendamos a *levar reciprocamente nossa carga* (Gl 6,2); porque ninguém há

sem defeito, ninguém há que não leve sua carga, ninguém basta a si mesmo nem é suficientemente sábio para se orientar; convém, pois, que uns aos outros nos soframos, uns aos outros nos consolemos, e mutuamente nos ajudemos, instruamos, admoestemos.

O grau de virtude de cada um melhor se manifesta no momento da adversidade.

Porque as ocasiões não tornam o homem fraco, mas revelam-no tal qual é.

Capítulo XVII
A VIDA MONÁSTICA

1. É mister que aprendas a quebrantar-te em muitas coisas, se queres ter paz e concórdia com os outros.

Não é pouco morar em mosteiros ou comunidades, e ali viver sem queixas e perseverar fielmente até à morte.

Bem-aventurado aquele que ali vive bem e santamente encerra seus dias!

Se queres conservar-te firme e crescer na virtude, considera-te como desterrado e peregrino sobre a terra.

Convém que te faças louco por amor de Cristo, se queres seguir a vida religiosa.

2. De pouco valem o hábito e a tonsura; a mudança dos costumes e a perfeita mortificação das paixões é que fazem o verdadeiro religioso.

Quem outra coisa busca que não somente a Deus e a salvação da sua alma, encontrará apenas tribulação e dor.

Não pode também viver muito tempo em paz quem não se esforça por ser o menor e o mais submisso de todos.

3. Vieste para servir, não para mandar: lembra-te de que foste chamado para sofrer e trabalhar, e não para folgar e tagarelar.

Aqui, pois, se provam os homens, como na fornalha o fogo.

Aqui ninguém pode permanecer, se de todo o coração não estiver resolvido a humilhar-se por amor de Deus.

Capítulo XVIII
OS EXEMPLOS DOS SANTOS PADRES

1. CONTEMPLA os admiráveis exemplos dos Santos Padres, nos quais resplandeceu a verdadeira perfeição da vida religiosa; e verás quão pouco é e quase nada o que fazemos.

Ai! Que é a nossa vida, se comparada com a deles?

Os Santos e amigos de Cristo serviram ao Senhor em fome e sede, em frio e nudez, em trabalhos e fadigas, em vigílias e jejuns, em orações e santas meditações, em perseguições e opróbrios sem conta.

2. Oh! Quantas e quão graves tribulações padeceram os Apóstolos, os Mártires, os Confessores, as Virgens e todos os mais que quiseram seguir as pegadas de Cristo!

Pois odiaram suas almas neste mundo a fim de as possuírem na vida eterna.

Oh! Que vida austera e abnegada levaram os Santos Padres no deserto! Que longas e violentas tentações não padeceram! Quantas vezes foram atormentados pelo inimigo! Que contínuas e fervorosas orações ofereceram a Deus! Quão rigorosas abstinências praticaram! Quão grande zelo e fervor demonstraram em seu aproveitamento espiritual! Que duro combate travaram para domar as próprias paixões! Que intenção pura e reta mantiveram voltada para Deus!

De dia trabalhavam, e passavam as noites em contínua oração, embora nem mesmo durante o trabalho interrompessem a oração mental.

3. Empregavam utilmente todo o tempo: todas as horas lhes pareciam curtas para tratar com Deus; e pela grande doçura da contemplação se esqueciam até da necessária refeição do corpo.

Renunciavam a todas as riquezas, dignidades, honras, amigos e parentes: do mundo nada queriam; mal tomavam o necessário para a vida, e afligiam-se de servir ao corpo ainda nas coisas necessárias.

Eram por conseguinte pobres em bens da terra, porém riquíssimos de graça e virtudes.

No exterior careciam de tudo; mas interiormente eram confortados pela graça e consolação divinas.

4. Eram estranhos ao mundo; mas próximos de Deus e seus amigos familiares.

Tinham-se a si próprios por nada, e eram desprezados pelo mundo, mas aos olhos de Deus eram preciosos e amados.

Mantinham-se em verdadeira humildade, viviam em singela obediência, andavam em caridade e paciência; por isso cresciam cada dia no espírito e alcançavam muita graça diante de Deus.

Foram dados como modelo a todos os religiosos; e mais nos devem eles estimular a progredirmos no bem, do que a multidão dos tíbios a relaxarmos.

5. Oh! Quão grande o fervor de todos os religiosos no princípio de seu santo instituto!

Quanta piedade na oração! Quanta emulação na virtude! Que grande observância!

Como florescia em todos a submissão e obediência à regra do Fundador!

O que deles ainda nos resta, atesta-nos que foram realmente santos e perfeitos aqueles varões insignes, que, lutando tão denodadamente, calcaram aos pés o mundo.

Hoje é tido por grande aquele que não transgride a regra, e se pode suportar com paciência o estado que abraçou.

6. Oh! Tibieza e negligência de nosso estado, que tão depressa decaímos do primeiro fervor, e até o viver nos aborrece por causa da frouxidão e tibieza!

Praza a Deus que, depois de teres visto tantas vezes os muitos exemplos de Santos varões, de todo não adormeça em ti o desejo de progredir nas virtudes!

Capítulo XIX
OS EXERCÍCIOS DO BOM RELIGIOSO

1. A vida do bom religioso deve estar ornada de todas as virtudes, para que seja tal no interior, qual aparece externamente aos homens.

E na verdade muito mais perfeita deve ser interiormente do que se mostra por fora, porque Deus nos está vendo, e devemos, onde quer que estejamos, reverenciá-lo profundamente e andar em sua presença puros como os Anjos.

Cada dia devemos renovar nosso propósito e excitar-nos ao fervor, como se fora hoje o primeiro dia de nossa conversão, e dizer: "Ajudai-me, Deus e Senhor meu, no bom propósito e no vosso santo serviço, e dai-me que comece hoje deveras porque nada é o que até aqui tenho feito".

2. À medida de nosso propósito correrá nosso aproveitamento, e quem deseja progredir no bem precisa de muita diligência.

Se o que propõe com firmeza muitas vezes falha, que dizer do que raras vezes ou com menos firmeza propõe?

Todavia, de diferentes maneiras processa-se o abandono de nossas resoluções, e uma leve omissão em nossos exercícios dificilmente passa sem algum dano.

O propósito dos justos firma-se mais na graça de Deus que no próprio saber; e nele confiam sempre em todos os empreendimentos.

Porque o homem propõe, mas Deus dispõe; e *não está na mão do homem o seu caminho* (Jr 10,23).

3. Se por motivo de piedade ou utilidade de nossos irmãos se deixa alguma vez o exercício habitual, facilmente se poderá reparar depois.

Mas, se por enfado ou negligência facilmente se omite, é culpa séria e de consequências funestas. Esforcemo-nos quanto pudermos, ainda assim cairemos facilmente em muitas faltas.

Devemos, contudo, propor-nos sempre alguma coisa determinada, mormente contra o que mais impede o nosso progresso espiritual.

É necessário examinar e ordenar tanto o nosso exterior quanto o interior, porque ambos contribuem para o nosso aproveitamento.

4. Se não podes recolher-te continuamente, faze-o ao menos de vez em quando; pelo menos duas vezes ao dia, a saber: pela manhã e à noite.

Pela manhã toma resoluções, à noite examina as tuas ações; como andaste durante o dia em palavras, obras e pensamentos; porque pode ser que nisso tenhas ofendido muitas vezes a Deus e ao próximo.

Arma-te varonilmente contra as ciladas do demônio; refreia a gula, e mais facilmente refrearás todas as inclinações da carne.

Nunca estejas de todo ocioso; mas lê, ou escreve, ou reza, ou medita, ou trabalha em alguma coisa útil aos outros.

Os exercícios corporais, porém, devem-se praticar com discrição; nem devem ser feitos na mesma medida por todos.

5. Os exercícios que não são comuns não se devem fazer publicamente, pois, sendo particularmente, se fazem com mais segurança.

Guarda-te, contudo, de ser preguiçoso para os comuns, e mais diligente para os particulares. Mas, satisfeitos inteira e fielmente os de obrigação e preceito, se tiveres ainda algum tempo, recolhe-te em ti mesmo, como requer a tua vocação.

Nem todos podem praticar o mesmo exercício; pois um se adapta mais a este, outro àquele.

Também mais agradam os diversos exercícios segundo a conveniência do tempo; pois uns ficam melhor nos dias de festa, outros nos dias úteis.

De uns necessitamos no tempo da tentação, e de outros no tempo da paz e sossego.

Em algumas coisas apraz-nos pensar quando estamos tristes, em outras quando alegres no Senhor.

6. Ao aproximarem-se as festas principais devemos renovar nossos exercícios de piedade e implorar com mais fervor a intercessão dos Santos.

De uma festividade para outra devemos fazer algum bom propósito, como se então houvéssemos de sair deste mundo, e chegar à festa eterna.

Por isso devemos preparar-nos com cuidado nesses santos tempos, vivendo com maior piedade e observando mais exatamente todas as regras, como se breve devêssemos receber de Deus o prêmio de nosso trabalho.

7. E, se for adiado, tenhamos por certo que não estamos ainda bem preparados e que somos ainda indignos de tamanha glória, como a que se há de manifestar em nós a seu tempo; e esforcemo-nos por nos preparar melhor para a partida.

Bem-aventurado o servo, diz o evangelista Lucas, *a quem o Senhor, quando vier, encontrar vigilante: em verdade vos digo que o constituirá sobre todos os seus bens* (Lc 12,37).

Capítulo XX
O AMOR DA SOLIDÃO E DO SILÊNCIO

1. PROCURA tempo apropriado para atenderes a ti mesmo, e pensa amiúde nos benefícios de Deus.

Deixa-te de curiosidades e escolhe leituras que causem mais compunção que distração.

Se te abstiveres de conversações supérfluas e passeios inúteis, como também de ouvir novidades e rumores, acharás tempo suficiente e adequado para te entregares a santas meditações.

Os maiores Santos evitavam quanto podiam a companhia dos homens e preferiam viver a sós com Deus.

2. Disse alguém: *Quantas vezes estive entre os homens, menos homem voltei* (Sêneca, Epist. 7).

É o que experimentamos tantas vezes, quando conversamos muito.

Mais fácil é calar de todo, que não se exceder nas palavras.

Mais fácil é encerrar-se em casa, que conseguir guardar-se como convém fora dela.

Quem, pois, pretende chegar à vida interior e espiritual, deve com Jesus afastar-se das turbas.

Ninguém com segurança aparece em público, senão quem gosta de viver oculto.

Ninguém fala com segurança, senão quem gosta de calar.

Ninguém preside com segurança, senão quem gosta de ser inferior.

Ninguém com segurança manda, senão quem aprendeu a perfeitamente obedecer.

3. Ninguém se alegra com segurança, se não possuir dentro de si mesmo o testemunho de uma boa consciência.

A segurança dos Santos, porém, foi sempre cheia de temor de Deus.

Nem foram menos solícitos e humildes porque resplandeciam em grandes virtudes e graças.

A segurança dos maus, porém, nasce da soberba e presunção e por fim transforma-se em decepção.

Nunca te dês por seguro nesta vida, embora pareças bom religioso ou piedoso ermitão.

4. Muitas vezes os melhores no conceito dos homens correram os maiores perigos pela demasiada confiança em si.

Por isso para muitos é mais útil que não lhes faltem de todo tentações e que sofram constantes ataques, para que não se sintam demasiado seguros, nem se exaltem com soberba, nem tão pouco busquem desregradamente as consolações exteriores.

Oh! Quem nunca buscasse alegrias passageiras, quem nunca se preocupasse com o mundo, que pureza de consciência não conservaria!

Oh! Quem cortasse toda a vã preocupação, para tratar somente das coisas da salvação e de Deus, pondo em Deus toda a sua esperança, de quanta paz e sossego não desfrutaria!

5. Ninguém é digno das consolações celestes, se não se exercitar com diligência na santa compunção.

Se queres compungir-te de coração, entra em teu aposento, e afasta todo o bulício do mundo, conforme está escrito: *Compungi-vos em vossos cubículos* (Sl 4,5). Aí encontrarás o que muitas vezes perdes lá fora.

Frequentada torna-se agradável a cela, pouco frequentada gera enfado. Se no princípio de tua conversão te habituares a ela e a guardares bem, ser-te-á depois amiga querida e gratíssima consolação.

6. No silêncio e no sossego progride a alma devota, e aprende os segredos das Escrituras.

Ali encontra torrentes de lágrimas com que todas as noites se lava e purifica, para unir-se tanto mais familiarmente a seu Criador, quanto mais longe vive do tumulto do mundo.

Quem, pois, se aparta de conhecidos e amigos, dele se aproximará Deus com seus Santos Anjos.

Melhor é esconder-se e cuidar de si, que, descuidando-se de si mesmo, fazer milagres.

É louvável no homem religioso sair poucas vezes, evitar ser visto pelos homens e não querer vê-los.

7. Para que queres ver o que não te é lícito possuir? *Passa o mundo e sua concupiscência* (1Jo 2,17).

Os desejos dos sentidos arrastam a passatempos; mas, passada aquela hora, que te resta senão peso de consciência e dissipação de coração?

A saída alegre prepara muitas vezes a volta triste, e a noite de prazeres, uma manhã de tristeza.

Assim, todo prazer carnal insinua-se brandamente, mas por fim atormenta e mata.

Que podes ver noutra parte, que aqui não vejas? Eis aí o céu e a terra e todos os elementos; deles foram feitas todas as coisas.

8. Que podes ver em outra parte, que permaneça muito tempo abaixo do sol?

Pensas acaso satisfazer-te, mas não poderás consegui-lo.

Se visses diante de ti todas as coisas, que seria isto senão uma visão fantástica?

Levanta teus olhos a Deus nas alturas (Sl 123,1), e ora pelos teus pecados e negligências.

Deixa aos vãos as coisas vãs, e tu aplica-te às que Deus te ordena.

Fecha a porta de teu aposento (Mt 6,6), e chama para junto de ti o teu amado Jesus.

Permanece com Ele em tua cela, que não acharás noutro lugar tanta paz.

Não houvesses saído, nem ouvido novidades, melhor te haverias conservado em doce paz. Mas, porque vez por outra gostas de ouvir novidades, prepara-te para sofrer desassossego de coração.

Capítulo XXI
A COMPUNÇÃO DO CORAÇÃO

1. SE queres fazer algum progresso, conserva-te no temor de Deus, e não queiras ser demasiadamente livre; mas submete à disciplina todos os teus sentidos, e não te entregues à vã alegria.

Dá-te à compunção do coração, e encontrarás a piedade.

A compunção descobre muitos bens, que a dissipação costuma logo perder.

É de admirar possa nesta vida gozar perfeita alegria o homem que medita e pensa em seu exílio e nos muitos perigos de sua alma.

2. Por leviandade do coração e descuido de nossos defeitos, não sentimos os males de nossa alma; e assim rimos muitas vezes sem motivo, quando com razão deveríamos chorar.

Não há verdadeira liberdade nem perfeita alegria, sem temor de Deus e boa consciência.

Feliz de quem puder afastar de si todo o estorvo da distração e recolher-se todo inteiro numa santa compunção.

Feliz de quem aparta de si tudo o que lhe pode manchar ou agravar a consciência.

Luta varonilmente; um hábito com outro se vence.

Se souberes deixar os homens, também eles te deixarão fazer o que tens a fazer.

3. Não te intrometas nas coisas alheias, nem te enredes nos negócios dos grandes.

Põe sempre os olhos em ti primeiro; e repreende-te a ti mesmo de preferência a todos os teus amigos.

Se não gozas do favor dos homens, não te entristeças por isso; mas aflige-te somente por não viveres com o cuidado e circunspecção que convém a um servo de Deus e a um bom religioso.

Muitas vezes é mais útil e seguro que o homem não tenha muitas consolações nesta vida, mormente sensíveis.

Contudo, se não temos ou raras vezes sentimos as consolações divinas, a culpa é nossa, porque não buscamos a compunção do coração, nem rejeitamos de todo as vãs consolações exteriores.

4. Reconhece-te indigno da consolação divina e, ao contrário, merecedor de muitas tribulações.

Quando o homem se acha penetrado de perfeita compunção, então o mundo todo se lhe toma insuportável e amargo.

O que é bom encontra sempre motivo bastante para afligir-se e chorar. Porque, ou se considere a si mesmo, ou pense no próximo, sabe que ninguém há neste mundo sem tribulações.

E quanto mais atentamente se examina, tanto mais profunda é a sua dor.

Matéria de justa dor e compunção interior são os nossos pecados e vícios, em que de tal maneira nos achamos envoltos, que raras vezes podemos contemplar as coisas do céu.

5. Se mais amiúde pensasses na tua morte que em viver largo tempo, sem dúvida te emendarias com mais fervor.

Se também meditasses profundamente nas penas futuras, de bom grado suportarias o trabalho e a dor e não temerias nenhuma austeridade. Mas, como estas coisas não nos penetram o coração e amamos ainda o que nos acaricia, permanecemos tão frios e preguiçosos.

6. Muitas vezes por frouxidão da alma é que tão facilmente se queixa nosso corpo miserável.

Roga, pois, com humildade ao Senhor que te dê o espírito de compunção, e dize com o Profeta: *Alimenta-me, Senhor, com o pão das lágrimas, e dá-me a beber em abundância a água de meu pranto* (Sl 80,6).

Capítulo XXII
A CONSIDERAÇÃO DA MISÉRIA HUMANA

1. INFELIZ serás, onde quer que estejas e para onde quer que te voltes, se te não converteres a Deus.

Por que te afliges por não te irem as coisas como queres e desejas? Quem é que tem tudo à medida do seu gosto? Nem eu, nem tu, nem homem algum sobre a terra.

Ninguém há no mundo sem alguma tribulação ou angústia, seja ele rei ou papa.

Quem é que está melhor? Certamente o que pode padecer alguma coisa por Deus.

2. Dizem muitos tíbios e fracos: Olhai que vida feliz leva aquele homem! Como é rico, nobre, poderoso e altilocado!

Considera, porém, os bens do céu, e verás que nada são todos estes bens temporais; são muito incertos e até onerosos porque nunca se possuem sem preocupação e temor.

Não consiste a felicidade do homem em ter abundância de bens temporais; basta-lhe a mediania.

Verdadeira miséria é viver na terra.

Quanto mais espiritual quiser ser o homem, tanto mais amarga se lhe torna a vida presente; pois compreende melhor e vê mais claramente os defeitos da corrupção humana.

Porque comer, beber, velar, dormir, descansar, trabalhar, e estar sujeito às demais necessidades naturais, é na verdade grande miséria e aflição para o homem piedoso, que bem desejaria estar isento e livre de todo pecado.

3. Muito oprimido, com efeito, se sente o homem interior com as necessidades corporais neste mundo.

Por isso pede devotamente o Profeta a Deus que o livre delas, dizendo: *Das minhas necessidades livrai-me, Senhor* (Sl 25,17).

Mas, ai dos que não conhecem a sua miséria e, ainda mais, ai dos que amam esta vida miserável e corruptível!

Porque alguns há que de tal sorte se apegam a ela (mesmo que trabalhando ou mendigando, mal consigam o necessário) que, se pudessem viver sempre aqui, nada se lhes daria do Reino de Deus.

4. Oh! Insensatos e duros de coração, tão profundamente apegados à terra, que já não sabem apreciar senão o que é carnal!

Infelizes, sentirão no fim, para sua desgraça, a vileza e o nada de tudo quanto amaram.

Os Santos de Deus e todos os fiéis amigos de Cristo não atendiam ao que agradava a carne, nem ao que neste mundo brilhava, mas toda a sua esperança e intenção voltavam-se para os bens eternos.

Todo o seu desejo se elevava aos bens duráveis e invisíveis; para que o amor das coisas visíveis os não arrastasse para a terra.

Não percas, irmão, a confiança de progredir na vida espiritual: tens ainda tempo e ocasião.

5. Por que queres adiar o teu propósito? Levanta-te, começa neste mesmo instante, e dize: Agora é tempo de agir, agora é tempo de lutar, agora é tempo próprio para emendar-me.

Quando te sentes aflito e atribulado, então é tempo de merecer.

Convém passares por fogo e por água, antes de chegares ao refrigério (Sl 66,12).

Se não te fizeres violência, não vencerás o vício.

Enquanto carregamos com este frágil corpo, não nos podemos conservar sem pecado, nem viver sem tédio e dor.

Bem quiséramos um descanso livre de toda miséria; como, porém, pelo pecado perdemos a inocência, perdemos também a verdadeira felicidade.

Importa-nos por isso perseverar na paciência e esperar a misericórdia de Deus, até que passe esta iniquidade *e o que é mortal seja absorvido pela vida* (2Cor 5,4).

6. Oh! Como é grande a fragilidade humana, sempre inclinada aos vícios!

Confessas hoje os teus pecados, e amanhã tornas a cair nos pecados confessados.

Resolves agora acautelar-te, e daqui a uma hora procedes como se nada houveras proposto.

Temos, pois, muita razão em nos humilharmos e não nos termos nunca em grande conta, uma vez que somos tão frágeis e inconstantes.

Depressa pode perder-se por negligência o que, com o auxílio da graça, se alcançou com muito trabalho e dificuldade.

7. Que será de nós no fim, se já no princípio somos tão tíbios?

Ai de nós, se nos queremos entregar ao repouso, como se já estivéssemos em paz e segurança, quando em nossa vida não aparece ainda sinal de verdadeira santidade.

Bem necessário era que como bons noviços fôssemos instruídos outra vez nos bons costumes, se porventura houvesse esperança de alguma emenda para o futuro e de maior aproveitamento espiritual.

Capítulo XXIII
A MEDITAÇÃO DA MORTE

1. BEM depressa tudo estará terminado para ti neste mundo: vê, pois, a quantas andas. Hoje o homem está vivo, e amanhã já não existe.

E quando desaparece dos olhos, também depressa se apaga da lembrança a cegueira e dureza do coração humano, que só pensa no presente, e não prevê antes o futuro.

De tal modo te deves haver em todas as tuas ações e pensamentos, como se hoje houvesses de morrer.

Se tivesses boa consciência, não temerias muito a morte.

Melhor fora evitar o pecado que fugir da morte.

Se hoje não estás preparado, como o estarás amanhã?

O dia de amanhã é incerto, e como sabes se terás um amanhã?

2. Que importa viver muito, quando tão pouco nos emendamos?

Ah! Que a longa vida nem sempre traz emenda, mas muitas vezes aumenta mais a culpa.

Oxalá houvéramos, um dia sequer, vivido bem neste mundo!

Muitos contam os anos de sua conversão, mas de ordinário pouco é o fruto da emenda.

Se é terrível morrer, mais perigoso talvez seja viver muito.

Bem-aventurado o que traz sempre diante dos olhos a hora da morte, e cada dia se prepara para morrer.

Se já viste alguém morrer, considera que também hás de passar pelo mesmo caminho.

3. Pela manhã, faze de conta que não chegarás à noite; e ao fazer-se noite não te atrevas a contar com o dia seguinte.

Está, pois, sempre preparado e vive de tal modo que nunca a morte te encontre desapercebido.

Muitos morrem repentina e improvisamente; porque, *na hora em que menos se pensa, virá o Filho do Homem* (Lc 12,40).

Quando chegar essa hora extrema, começarás a julgar de modo muito diferente toda a tua vida passada e muito te arrependerás de teres sido tão negligente e remisso.

4. Quão ditoso e prudente é quem se esforça por ser na vida tal qual deseja encontrar-se na morte.

Pois grande confiança lhe dará de bem morrer o perfeito desprezo do mundo, o desejo ardente de progredir nas virtudes, o amor da regularidade, o exercício da penitência, a prontidão da obediência, a renúncia de si mesmo e a paciência em toda a adversidade por amor de Cristo.

Muito bem podes fazer enquanto tens saúde; porém, quando estiveres enfermo, não sei de que serás capaz.

Poucos melhoram com a enfermidade; como também os que andam em constantes peregrinações raras vezes se santificam.

5. Não confies em amigos e parentes, nem deixes para mais tarde o negócio da tua salvação; porque mais depressa do que imaginas os homens se esquecerão de ti.

Melhor é agora prover a tempo e adiantar algumas boas obras, do que esperar no auxílio dos outros.

Se não cuidas de ti agora, quem cuidará de ti no futuro?

Agora é um tempo infinitamente precioso. São agora *os dias de salvação: agora é o tempo propicio* (2Cor 6,2).

Mas, que pena não o empregares melhor, podendo nele merecer a vida eterna!

Tempo virá em que desejarás um dia, ou uma hora que seja, para te emendares, e não sei se a alcançarás.

6. Ah, caríssimo, de quantos perigos te poderias livrar, de quantos temores fugir, se agora estivesses sempre receoso e desconfiado da morte!

Procura, agora, viver de tal modo que na hora da morte tenhas mais motivos de alegria que de temor.

Aprende agora a morrer para o mundo, para então começares a viver com Cristo.

Aprende agora a desprezar tudo, para poderes então voar livremente para Cristo.

Castiga agora teu corpo pela penitência, para poderes então ter fundada confiança.

7. Oh! Insensato! Por que pensas que hás de viver muito, quando não tens sequer um dia seguro!

Quantos não se enganaram e foram inesperadamente arrancados do corpo!

Quantas vezes ouviste dizer: um homem morreu pela espada, outro afogou-se; aquele caiu do alto e quebrou a cabeça; um expirou comendo, outro jogando; este outro pereceu pelo fogo, aquele outro pelo ferro; outro pela peste, outro ainda às mãos dos ladrões.

E assim o fim de todos é a morte, e, tão ligeiramente como a sombra, passa a vida dos homens.

8. Quem se lembrará de ti depois da morte, e quem rezará por ti?

Faze, faze, agora, caríssimo, tudo o que puderes; pois não sabes quando hás de morrer, nem também o que te há de acontecer depois da morte.

Enquanto tens tempo, entesoura para ti riquezas imortais.

Não penses em outra coisa senão na tua salvação; cuida tão só das coisas de Deus.

Granjeia agora amigos, venerando os Santos de Deus e imitando suas ações; para que, ao saíres desta vida, *te recebam nas moradas eternas* (Lc 16,9).

9. Considera-te como hóspede e peregrino sobre a terra, a quem nada interessam os negócios do mundo.

Conserva o coração livre e elevado para Deus, porque não tens *aqui morada permanente* (Hb 13,14).

Dirige para o céu as tuas orações e gemidos de cada dia, acompanhados de lágrimas, para que mereça tua alma depois da morte passar ditosamente ao Senhor. Amém.

Capítulo XXIV
O JUÍZO E AS PENAS DOS PECADORES

1. EM todas as coisas olha o fim, e como hás de comparecer diante do severo Juiz, a quem nada é oculto, que não se deixa aplacar com dádivas nem admite desculpas, mas julgará com justiça.

Pecador miserável e insensato! Que responderás a Deus, que sabe as tuas maldades, tu que às vezes tremes à vista de um homem irado?

Por que não te preparas para o dia do juízo, quando ninguém poderá ser escusado ou defendido por outrem, mas cada qual será para si mesmo peso suficiente?

Agora o teu trabalho é frutuoso, acolhido o teu pranto, aceitos os teus gemidos, satisfatória e purificadora a tua dor.

2. Grande e salutar purgatório tem o homem paciente que, recebendo injúrias, mais se aflige com a maldade alheia que com a ofensa própria; que roga sinceramente pelos que o contrariam, e de coração perdoa os agravos, e não tarda em pedir perdão aos outros; que mais facilmente se compadece, do que se irrita; que a si mesmo, frequentemente, se violenta e se esforça por submeter inteiramente a carne ao espírito.

Melhor é purificar agora os pecados e extirpar os vícios, que deixá-los para expiar no futuro.

Por certo nos enganamos a nós mesmos pelo amor desordenado que temos à carne.

3. Que outra coisa há de devorar aquele fogo, senão teus pecados?

Quanto mais te poupas agora e segues a carne, tanto mais duramente serás depois castigado, e mais lenha ajuntas à fogueira.

No que o homem mais pecou, será mais severamente punido.

Ali os preguiçosos serão aferroados com aguinões ardentes, e os gulosos atormentados com violenta fome e sede.

Ali os luxuriosos e amantes dos prazeres serão imersos em ardente pez e fétido enxofre; e os invejosos uivarão de dor como cães raivosos.

4. Nenhum vício haverá que não tenha seu particular tormento.

Ali os soberbos estarão cheios de toda sorte de confusão, e os avarentos serão oprimidos por extrema miséria.

Ali será mais terrível uma hora de suplício, que aqui cem anos de aspérrima penitência.

Ali não há descanso nem consolação para os condenados; ao passo que aqui cessam de quando em quando os trabalhos, e desfrutamos das consolações dos amigos.

Tem agora cuidado e dor de teus pecados, para partilhares no dia do juízo a segurança dos bem-aventurados.

Porque então *estarão os justos com grande segurança frente aos que os angustiaram e perseguiram* (Sb 5,1).

Então se levantará, para julgar, aquele que agora se curva humildemente ao juízo dos homens.

Então terá grande confiança o pobre e o humilde; e o soberbo será envolto em pavor.

5. Então se verá como foi sábio neste mundo o que por Cristo aprendeu a ser louco e desprezado.

Então será prazer toda tribulação sofrida com paciência, e a *iniquidade não abrirá a sua boca* (Sl 107,42).

Então se alegrará o homem devoto e se entristecerá o ímpio.

Então exultará mais a carne mortificada, que se fora sempre nutrida em delícias.

Então resplandecerá o vestido grosseiro e enegrecerá o vestido precioso.

Então será mais louvada a pobre choupana, que o palácio dourado.

Então mais aproveitará a constante paciência, que todo o poder do mundo.

Então mais exaltada será a simples obediência, que toda a astúcia do século.

6. Maior satisfação causará então a consciência pura e boa, que a douta filosofia.

Então será mais apreciado o desprezo das riquezas, que os tesouros todos da terra.

Então te consolarás mais de haver orado com devoção, que de haver comido delicados manjares.

Então te alegrarás mais pelo silêncio guardado, que pelas longas conversas.

Então valerão mais as obras santas, que muitas palavras floridas.

Então agradará mais a vida austera e a rigorosa penitência, que todos os prazeres terrenos.

Aprende agora a padecer um pouco, para então poderes livrar-te de sofrimentos mais graves.

Experimenta primeiro neste mundo o de que serás capaz no outro. Se é tão pouco o que agora podes suportar, como poderás sofrer os tormentos eternos? Se agora o menor sofrimento te causa tanta impaciência, que te fará então o inferno?

A verdade é que não podes ter dois gozos: deleitar-te aqui neste mundo e reinar depois com Cristo.

7. Se até o dia de hoje houvesses vivido sempre em honras e prazeres, que te aproveitaria tudo isto, se viesses a morrer neste mesmo instante? Tudo, pois, é vaidade, exceto o amar a Deus e só a Ele servir.

Porque quem ama a Deus, de todo o coração, não teme nem a morte, nem o castigo, nem o juízo, nem o inferno; porque o perfeito amor dá-nos seguro acesso a Deus.

Mas, quem se compraz ainda em pecar, não admira que tema a morte e o juízo.

Contudo é bom que, se ainda o amor não te aparta do mal, te refreie ao menos o temor do inferno.

Aquele, porém, que despreza o temor de Deus, não poderá perseverar por muito tempo no bem, mas bem depressa cairá nos laços do demônio.

Capítulo XXV
A FERVOROSA EMENDA DE TODA A NOSSA VIDA

1. SÊ vigilante e diligente no serviço de Deus, e pensa com frequência: a que vieste e por que deixaste o mundo? Não foi porventura com o fim de viver para Deus, e fazer-te homem espiritual?

Afervora-te, pois, no progresso espiritual; porque em breve receberás o prêmio dos teus trabalhos, e não haverá mais daí por diante temores nem sofrimentos para ti.

Trabalharás agora um pouco, e encontrarás grande descanso e ainda perpétua alegria.

Se permaneceres fiel e fervoroso em tuas ações, Deus sem dúvida será fiel e magnânimo em retribuir.

Deves manter firme esperança de alcançar vitória: mas não convém considerá-la garantida, para não caíres na tibieza ou na presunção.

2. Um homem, cheio de ansiedade, oscilava muitas vezes entre o medo e a esperança. Certa vez, oprimido pela tristeza, entrou numa igreja e, prostrando-se diante do altar para fazer oração, dizia e repetia consigo mesmo: Oh! Se eu soubesse que havia de perseverar! E imediatamente ouviu dentro de si esta divina resposta: Que farias, se o soubesses? Faze agora o que então quererias fazer, e estarás bem seguro.

E no mesmo instante, consolado e fortalecido, entregou-se à divina vontade e cessou sua ansiosa perplexidade.

Nem quis mais perscrutar curiosamente o que havia de suceder no futuro; mas aplicou-se mais a conhecer o que era mais perfeito e agradável à vontade de Deus, para começar e levar a termo qualquer obra.

3. *Espera no Senhor e faze boas obras*, diz o Profeta; *e habitarás a terra e te alimentarás das suas riquezas* (Sl 37,3).

Uma coisa há que a muitos afasta do progresso e da fervorosa emenda: o horror à dificuldade, ou o trabalho da luta.

Com efeito, mais que os outros, aproveitam nas virtudes os que se empenham com coragem em vencer o que lhes é mais penoso e contrário.

Porque tanto mais progride o homem, e maior graça merece, quanto mais se vence a si mesmo e se mortifica no espírito.

4. Mas nem todos têm em que se vencer e mortificar na mesma medida.

Mas o homem diligente e esforçado, ainda que tenha muitas paixões, terá maiores possibilidades de progresso, do que outro de melhor índole, porém menos fervoroso em adquirir as virtudes.

Duas coisas especialmente contribuem para uma grande emenda: apartar-se com violência daquilo a que a natureza desordenadamente se inclina, e trabalhar com fervor por adquirir a virtude de que mais se há mister.

Procura também evitar e vencer o que nos outros de ordinário te desagrada.

5. Procura tirar proveito de tudo; de sorte que, se vires ou ouvires bons exemplos, te animes a imitá-los.

Se, porém, notares alguma coisa digna de repreensão, guarda-te de fazê-la; e, se alguma vez a fizeste, procura emendar-te quanto antes.

Assim como observas os outros, assim também eles te observam a ti.

Como é consolador e agradável ver irmãos fervorosos e devotos, bem morigerados e observantes!

Como é triste e penoso vê-los viver desorientados, sem exercitar-se naquilo a que foram chamados.

Como é nocivo descurarem os deveres da própria vocação e aplicarem-se ao que lhes não incumbe!

6. Lembra-te do compromisso assumido e põe diante dos olhos a imagem do Crucificado.

Bem te podes envergonhar, ao considerares a vida de Jesus Cristo, de não teres feito ainda bastantes esforços para conformar-te com ela, apesar de estar há tanto tempo no caminho de Deus.

O religioso que atenta e devotamente medita na santíssima vida e paixão do Senhor, nela encontrará com abundância tudo o que lhe é útil e necessário; nem precisa buscar fora de Jesus coisa melhor.

Oh! Se Jesus Crucificado viesse ao nosso coração, quão depressa e quão suficientemente seríamos instruídos!

7. O religioso fervoroso suporta e aceita bem tudo o que se lhe manda.

O religioso negligente e tíbio experimenta tribulação sobre tribulação, e de toda parte se vê angustiado, porque carece de consolação interior, e não lhe é vedado buscar a exterior.

O religioso que vive fora da observância, expõe-se a grave ruína.

O que procura uma vida fácil e relaxada, estará sempre em angústias; porque alguma coisa, ou mesmo tudo lhe desagradará.

8. Como procedem tantos outros religiosos, que guardam a austera disciplina do claustro?

Saem raras vezes, vivem recolhidos, comem bem pobremente, vestem grosseiramente, trabalham muito, falam pouco, velam até tarde, levantam-se de madrugada, prolongam as orações, dão-se a frequentes leituras e observam em tudo exata disciplina.

Observa como os Cartuxos, os Cistercienses e os monges e freiras de diversas Ordens se levantam todas as noites para louvar o Senhor.

E por isso seria bem vergonhoso que fosses preguiçoso em obra tão santa, quando tão grande multidão de religiosos começa a entoar louvores a Deus.

9. Oh! Se não houvéssemos de fazer outra coisa, senão louvar ao Senhor nosso Deus, com todo o coração e com a boca!

Oh! Se nunca tivesses necessidade de comer, nem de beber, nem de dormir, mas pudesses louvar a Deus sem interrupção e dar-te unicamente aos exercícios espirituais!

Serias então muito mais feliz do que agora que serves ao corpo em todas as suas necessidades.

Prouvera a Deus não existissem semelhantes necessidades; mas tão somente as refeições espirituais da alma, que — ai de nós! — tão raras vezes saboreamos!

10. Quando o homem chega ao ponto de não buscar sua consolação em criatura alguma, começa então a saborear perfeitamente a Deus e mostra-se sempre contente, aconteça o que acontecer.

Então nem se alegra com o muito, nem se entristece com o pouco; mas abandona-se inteiramente e com toda a confiança em Deus, que lhe é tudo em todas as coisas, para quem nada acaba nem morre, mas para quem vivem todas as criaturas, e a cujo aceno todas prontamente obedecem.

11. Lembra-te sempre do fim, e que o tempo perdido não volta.

Sem cuidado e sem diligência, jamais adquirirás as virtudes.

Se começas a ser tíbio, começarás a sentir-te mal. Se, porém, procurares afervorar-te, encontrarás grande paz, e sentirás o trabalho mais leve pela graça de Deus e o amor da virtude.

O homem fervoroso e diligente está preparado para tudo.

Mais penoso é resistir aos vícios e paixões, que suportar as fadigas corporais.

Quem não evita os pequenos defeitos, pouco a pouco cai nos grandes.

Alegrar-te-ás sempre à noite, se houveres empregado bem o dia. Vela sobre ti mesmo, anima-te, admoesta-te e, aconteça o que acontecer aos outros, não te descuides de ti mesmo.

Haverás de progredir na medida da violência que a ti mesmo fizeres. Amém.

LIVRO SEGUNDO

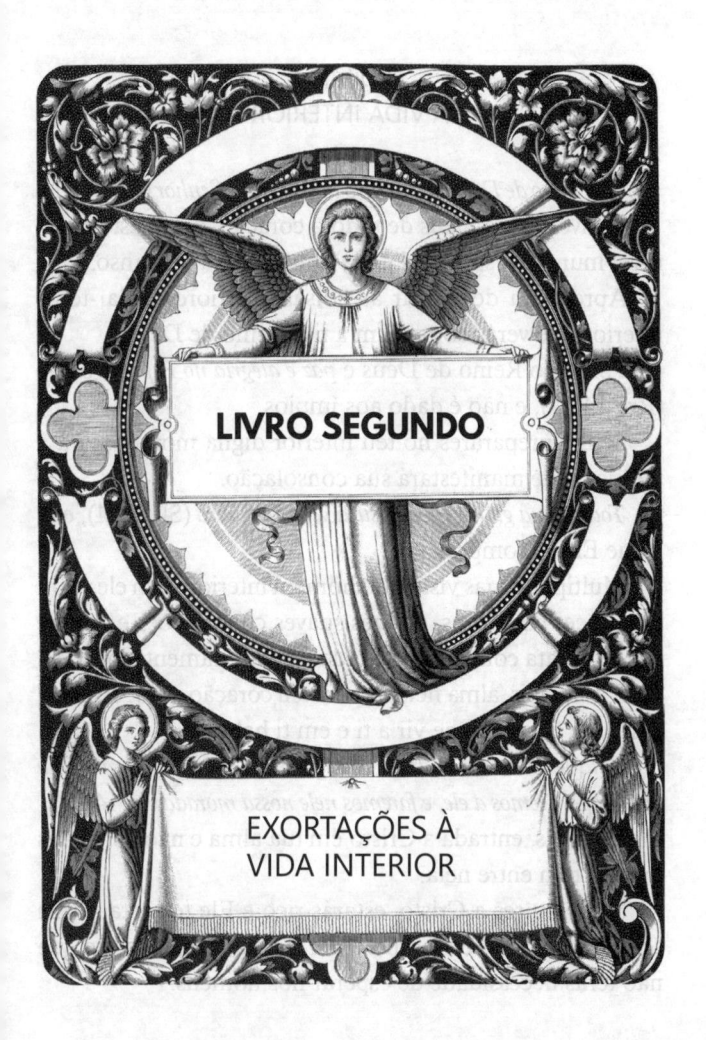

EXORTAÇÕES À VIDA INTERIOR

Capítulo I
A VIDA INTERIOR

1. *O reino de Deus está dentro de vós, diz o Senhor* (Lc 17,21).

Converte-te a Deus de todo o coração, deixa este miserável mundo desprezível e tua alma achará descanso.

Aprende a desprezar as coisas exteriores e dar-te às interiores, e verás como vem a ti o Reino de Deus.

Porque o Reino de Deus é *paz e alegria no Espírito Santo* (Rm 14,17), e não é dado aos ímpios.

Se lhe preparares no teu interior digna morada, virá a ti Cristo e te manifestará sua consolação.

Toda a sua glória e formosura vêm de dentro (Sl 45,14), e aí é que Ele se compraz.

Multiplica suas visitas ao homem interior, com ele mantém doces colóquios, dá-lhes suaves consolações e grande paz, e o trata com familiaridade verdadeiramente inefável.

2. Eia, pois, alma fiel, prepara teu coração a esse Esposo, para que Ele se digne vir a ti e em ti habitar.

Porque Ele mesmo disse: *Se alguém me ama, guardará minha palavra, e viremos a ele, e faremos nele nossa morada* (Jo 14,23).

Dá, pois, entrada a Cristo em tua alma e não consintas que outrem entre nela.

Se possuíres a Cristo, estarás rico e Ele te bastará. Ele será em tudo teu ecônomo e fiel procurador, de sorte que não terás necessidade de esperar nos homens.

Os homens, com efeito, mudam depressa e faltam com facilidade: porém *Cristo permanece sempre* (Jo 12,34), e nos assiste constante até o fim.

3. Não deves pôr muita confiança no homem frágil e mortal, ainda que te seja útil e bem-querido, nem te entristeceres muito se alguma vez te contraria e contradiz.

Os que hoje estão contigo, amanhã podem estar contra ti, e vice-versa: porque os homens são volúveis como o vento.

Põe em Deus toda a tua confiança, e seja Ele o teu temor e a tua afeição: Ele responderá por ti, e fará o que te for melhor.

Não tens aqui morada permanente (Hb 13,14): onde quer que estiveres, serás estranho e peregrino, e não terás nunca descanso, se não estiveres intimamente unido com Cristo.

4. Que procuras ao redor de ti, quando não é este o lugar do teu descanso? No céu deve ser tua morada, e como de passagem hás de olhar as coisas terrenas.

Passam todas as coisas e tu igualmente com elas.

Olha, não lhes cries afeição, para que te não cativem, e venhas a perecer.

No Altíssimo põe teu pensamento, e tua oração sem cessar seja dirigida a Cristo.

Se não sabes contemplar as coisas celestiais, descansa na paixão do Salvador e habita gostosamente em suas chagas sagradas.

Se te refugiares com devoção nestas chagas e preciosos estigmas de Jesus, sentirás grande coragem na tribulação, não farás muito caso do desprezo dos homens, e facilmente sofrerás as palavras dos maldizentes.

5. Cristo foi também, no mundo, desprezado dos homens, e entre as afrontas desamparado dos amigos e conhecidos em sua maior necessidade.

Cristo quis padecer e ser desprezado; e tu ousas queixar-te de alguma coisa?

Cristo teve inimigos e detratores; e tu queres que todos sejam teus amigos e benfeitores?

Como coroará Deus a tua paciência, se em nenhuma adversidade fores provado?

Se nada queres sofrer, como serás amigo de Cristo?

Sofre com Cristo e por Cristo, se queres reinar com Cristo.

6. Se uma só vez entraras perfeitamente no coração de Jesus, se sentiras por um momento seu abrasado amor, nenhum cuidado terias de teu próprio proveito ou dano; antes folgarias mais das injúrias que te fizessem: porque o amor de Jesus faz que o homem se despreze a si mesmo.

Quem ama a Jesus e a verdade, quem é verdadeiramente interior e livre de afeições desordenadas, pode dirigir-se livremente a Deus e elevar-se em espírito acima de si mesmo, e nele gozar delicioso repouso.

7. Aquele que avalia as coisas pelo que elas são, e não pelo juízo e estimação dos homens, esse é verdadeiramente sábio, e instruído mais por Deus que pelos homens.

Aquele que sabe viver recolhido dentro de si, e ter em pouco as coisas exteriores, não anda à busca de lugares nem aguarda tempo para dar-se a exercícios devotos.

O homem interior depressa se recolhe; porque nunca se entrega todo às coisas exteriores.

Não o impede o trabalho exterior, nem o embaraçam as ocupações às vezes necessárias; mas acomoda-se às coisas, como elas sucedem.

O que está interiormente bem-disposto e ordenado não faz caso dos feitos famosos ou perversos dos homens.

O homem se embaraça e distrai na medida em que se apega às coisas deste mundo.

8. Se procedesses corretamente e estivesses bem purificado, tudo contribuiria para teu bem e aproveitamento.

Muitas coisas te desagradam e frequentemente perturbam, porque ainda não morreste de todo para ti, nem te apartaste das coisas da terra.

Nada mancha e embaraça tanto o coração do homem, como o amor desordenado das criaturas.

Se desprezares as consolações exteriores, poderás contemplar as coisas celestiais, e gozar muitas vezes da alegria interior.

Capítulo II
A HUMILDE SUBMISSÃO

1. NÃO te preocupes muito que alguém esteja a teu favor ou contra ti; trata antes e cuida de teres Deus contigo em tudo o que fizeres.

Tem boa consciência, e Deus bem saberá defender-te.

Porque a quem Deus quiser ajudar, nenhum dano lhe fará a malícia dos homens.

Se souberes calar e sofrer, sem dúvida verás o auxílio de Deus.

Ele sabe o tempo e o modo de te livrar; entrega-te, pois, em suas mãos.

A Deus pertence ajudar e livrar de toda a confusão.

Algumas vezes convém muito, para guardar maior humildade, que outros saibam e repreendam nossos defeitos.

2. Quando um homem se humilha por seus defeitos, aplaca facilmente aos outros, e sem dificuldade agrada aos que estão irados contra ele.

Ao humilde Deus defende e livra; ao humilde ama e consola; ao humilde se inclina, concede muitas graças, e depois do abatimento eleva-o à glória.

Ao humilde descobre seus segredos, e docemente o atrai e chama a si.

O humilde, ainda nas afrontas, conserva-se em paz; porque se apoia em Deus e não no mundo.

Não julgues ter feito algum progresso, enquanto te não reconheceres inferior a todos.

Capítulo III
O HOMEM BOM E PACÍFICO

1. CONSERVA-TE a ti primeiro em paz, e depois poderás pacificar aos outros.

O homem pacífico é mais útil que o muito douto.

O homem apaixonado converte em mal o mesmo bem e facilmente crê o mal.

O homem bom e pacífico todas as coisas faz servir para o bem.

Quem de fato está em paz, de ninguém suspeita; mas quem anda descontente e inquieto, vive agitado de suspeitas; nem vive em sossego, nem deixa sossegar aos outros.

Diz muitas vezes o que não deveria dizer; e deixa de fazer o que mais lhe conviria.

Preocupa-se com as obrigações alheias, e descuida-se de seus próprios deveres.

Zela antes de tudo por ti mesmo e poderás depois com justiça zelar pelo teu próximo.

2. Bem sabes desculpar e encobrir tuas faltas, e não queres ouvir as desculpas alheias.

Mais justo fora que te acusasses a ti e desculpasses a teus irmãos.

Suporta aos outros, se queres que eles te suportem.

Vê quão longe estás ainda da verdadeira caridade e humildade, que não sabe indignar-se e irritar-se senão contra si.

Não é grande coisa conviver com os bons e mansos, pois isto naturalmente a todos agrada; todos gostam de viver em paz e amam de preferência os que pensam como eles.

Mas poder viver em paz com pessoas ríspidas e perversas ou descomedidas ou que nos contrariam é grande graça, ação varonil e mui louvável.

3. Alguns há que têm paz consigo e com os outros.

Outros há que nem a têm consigo, nem a deixam ter aos demais: insuportáveis para os outros, ainda o são mais para si mesmos.

E há outros que têm paz consigo, e trabalham por dá-la aos outros.

Toda a nossa paz nesta miserável vida consiste mais no sofrimento humilde, que em deixar de sentir contrariedades.

Por isso quem melhor souber padecer maior paz terá. Ele será vencedor de si mesmo, senhor do mundo, amigo de Cristo e herdeiro do céu.

Capítulo IV
A PUREZA DE ESPÍRITO
E A SIMPLICIDADE DE CORAÇÃO

1. TEM o homem duas asas, com que se levanta acima das coisas terrenas: a simplicidade e a pureza.

A simplicidade deve estar na intenção, e a pureza no afeto.

A simplicidade busca a Deus; a pureza o abraça e nele se compraz.

Nenhuma boa obra te será empecilho, se interiormente estiveres livre de todo desordenado afeto.

Se não quiseres nem buscares senão o que Deus quer e o que é útil ao próximo, gozarás da liberdade interior.

Se fosse reto o teu coração, terias em qualquer criatura um espelho de vida e um livro de santa doutrina.

Não há criatura tão pequena e tão vil, que não represente a bondade de Deus.

2. Se fosses interiormente bom e puro, tudo verias bem e entenderias sem dificuldade.

O coração limpo penetra o céu e o inferno.

Cada qual julga das coisas exteriores segundo suas disposições interiores.

Se há alegria no mundo, por certo o homem de coração puro a possui.

E se em algum lugar há tribulações e angústias, é a má consciência que melhor as conhece.

Assim como o ferro metido no fogo perde a ferrugem e fica todo em brasa, também o homem que inteiramente se converte a Deus, sacode o torpor e transforma-se em novo homem.

3. Quando o homem começa a entibiar, teme ainda o menor trabalho e recebe com satisfação a consolação exterior.

Porém, quando começa a vencer-se perfeitamente e a andar com coragem no caminho de Deus, logo tem por insignificante o que antes lhe parecia pesado.

Capítulo V
A CONSIDERAÇÃO DE SI MESMO

1. NÃO podemos confiar demasiado em nós mesmos, porque muitas vezes nos falta a graça e o discernimento.

Pouca luz há em nós, e essa depressa a perdemos por nosso descuido.

Muitas vezes não advertimos como é grande a nossa cegueira interior.

Muitas vezes agimos mal, e ainda pior nos desculpamos.

Às vezes move-nos a paixão, e cuidamos que é o zelo.

Repreendemos nos outros as faltas pequenas, e desculpamos as nossas, mais graves.

Bem depressa sentimos e ponderamos o que dos outros sofremos; mas não advertimos quanto devem os outros em nós suportar.

O que bem e retamente examinasse suas obras, não julgaria severamente as alheias.

2. O homem de vida interior antepõe o cuidado de si mesmo a todos os outros cuidados; e quem com diligência olha para si, com facilidade cala dos outros.

Nunca serás homem de vida interior e devoto, se não calares dos outros e não tiveres especial cuidado de ti.

Se de todo te ocupares de ti e de Deus, pouco caso farás do que perceberes fora de ti.

Onde estás, quando não estás presente a ti mesmo?

E quando te tiveres informado de tudo, de que te aproveitou, se de ti te esqueceste?

Se queres ter paz e verdadeira união com Deus, deves desprezar tudo o mais, para só em ti fixares os olhos.

3. Muito progresso farás se te mantiveres livre de todo o cuidado temporal.

Muito te atrasarás se deres importância ao que é temporal.

Nada te pareça grande, sublime, agradável nem aceito, senão Deus só, e o que for de Deus.

Tem por vã qualquer consolação que te vier da criatura.

A alma que ama a Deus despreza tudo o que está abaixo de Deus.

Só Deus, eterno e imenso, que tudo enche, é a consolação da alma e a verdadeira alegria do coração.

Capítulo VI
A ALEGRIA DA BOA CONSCIÊNCIA

1. A glória do homem virtuoso é o testemunho de sua boa consciência.

Tem boa consciência, e sempre terás alegria.

Muitas coisas pode suportar a boa consciência, e experimenta grande alegria nas adversidades.

A má consciência anda sempre assustada e inquieta.

Gozarás de doce sossego, se teu coração de nada te acusa.

Não te alegres, senão quando houveres praticado o bem.

Os maus nunca têm alegria verdadeira, nem sentem paz interior; porque *não há paz para os ímpios* (Is 48,22; 57,21), disse o Senhor.

E se disserem: vivemos em paz, nenhum mal nos acontece; quem se atreverá a ofender-nos? Não lhes dês crédito; porque de repente se levantará contra eles a ira de Deus, e suas obras serão reduzidas a nada e perecerão seus pensamentos.

2. Não é difícil ao que ama gloriar-se na tribulação; porque gloriar-se desta sorte é gloriar-se na cruz do Senhor.

Breve é a glória que o homem dá e recebe.

A tristeza acompanha sempre a glória do mundo.

A glória dos bons está na sua consciência, e não na boca dos homens.

A alegria dos justos é de Deus e em Deus; a sua alegria vem da verdade.

Quem deseja a verdadeira e eterna glória não faz caso da temporal.

E quem busca a glória temporal, ou a não despreza de coração, mostra que ama menos a celestial.

Grande tranquilidade de coração tem aquele que não se preocupa com louvores nem com vitupérios.

3. Facilmente viverá contente e sossegado quem tiver consciência limpa.

Não és mais santo porque te louvam, nem mais desprezível porque te vituperam.

És o que és; nem podes ser tido em mais do que és diante de Deus.

Se considerares o que és no teu interior, não te importarás com o que de ti disserem os homens.

O homem vê o semblante, Deus o coração (1Rs 16,7).

O homem considera as obras, e Deus pesa as intenções.

Agir sempre bem e ter-se em pouca conta é indício de alma humilde.

Não querer consolação de criatura algum sinal é de grande pureza e cordial confiança.

4. Quem não procura ao redor de si nenhum testemunho em seu favor, mostra claramente que se entregou de todo a Deus.

Não o que se louva a si mesmo é aprovado, diz São Paulo, *senão aquele a quem Deus louva* (2Cor 10,18).

Viver interiormente unido a Deus, sem prender-se a nenhuma afeição externa, é o estado do homem espiritual.

Capítulo VII
O AMOR DE JESUS SOBRE TODAS AS COISAS

1. BEM-AVENTURADO o que entende o que é amar a Jesus e desprezar-se a si mesmo por amor de Jesus!

Por este amor devemos deixar qualquer outro amor, porque Jesus quer ser amado só, sobre todas as coisas.

O amor da criatura é falaz e instável, e o amor de Jesus é fiel e constante.

O que se prende à criatura, com ela cairá; o que se abraça com Jesus, estará firme para sempre.

Ama e tem por amigo Aquele que não te faltará quando todos te desampararem, nem te deixará perecer quando chegar o fim da vida.

De todos te hás de separar um dia, queiras ou não.

2. Na vida e na morte está sempre com Jesus; entrega-te à fidelidade daquele que, só, te pode socorrer, quando todos te faltarem.

Teu Amado é de tal natureza que não admite rival; mas, só, quer possuir teu coração, e nele reinar como soberano em seu trono.

Se souberes desprender-te inteiramente das criaturas, Jesus habitará contigo de boa vontade.

Verás que foi quase tudo perdido o que, fora de Jesus, deste aos homens.

Não confies, nem te firmes no caniço que o vento agita; *porque toda a carne é feno, e toda a sua glória fenece como a flor dos campos* (Is 40,6).

3. Muitas vezes te enganarás, se julgares os homens só pelo que mostram exteriormente.

Se neles procurares vantagens e consolações, o mais das vezes sofrerás dano.

Se buscares a Jesus em todas as coisas, certamente acharás a Jesus. Se te buscares a ti mesmo, achar-te-ás, sim, mas para tua ruína.

O homem que não busca a Jesus é mais nocivo a si mesmo, que todos os seus inimigos e o mundo inteiro.

Capítulo VIII
A AMIZADE FAMILIAR COM JESUS

1. QUANDO Jesus está presente, tudo é bom, e nada parece dificultoso; mas, quando Jesus não está, tudo se torna penoso.

Quando Jesus não fala interiormente, nenhuma consolação tem valor; mas, se Jesus diz uma só palavra, sente-se grande consolação.

Não se levantou logo Maria Madalena do lugar onde chorava, quando Marta lhe disse: *O Mestre está aqui e chama-te?* (Jo 11,28).

Ditosa hora, quando Jesus chama das lágrimas à alegria espiritual.

Como és árido e duro sem Jesus! Que néscio e vão, se alguma coisa desejas fora de Jesus.

Não seria isto maior perda, que se perdesses todo o mundo?

2. Que te pode dar o mundo sem Jesus?

Estar sem Jesus é insuportável inferno; estar com Jesus, doce paraíso.

Se Jesus estiver contigo, nenhum inimigo te poderá fazer mal.

Quem encontra a Jesus encontra um tesouro precioso, ou antes um bem acima de todo bem.

E quem perde a Jesus perde muitíssimo, e mais do que se perdera todo o mundo.

Paupérrimo é o que vive sem Jesus e riquíssimo o que está bem com Jesus.

3. Grande arte é saber conversar com Jesus; e saber conservar a Jesus, grande prudência.

Sê humilde e pacífico, e contigo estará Jesus; sê devoto e tranquilo, e permanecerá contigo Jesus.

Depressa podes afugentar a Jesus e perder sua graça, se te abaixares às coisas exteriores.

Se o afugentares e perderes, a quem hás de recorrer e buscar por amigo?

Sem amigo não poderás viver feliz, e se não for Jesus teu amigo acima de todos, bem triste e desconsolado andarás.

Agirás, pois, loucamente se em outro confias e te alegras; antes ter o mundo todo contra si, que ofender a Jesus.

Que Jesus, pois, te seja o mais caro de todos os que te são caros.

4. Amemos a todos por Jesus, e a Jesus por si mesmo.

Só Jesus Cristo deve ser amado com amor singular, porque Ele só é bom e fiel mais que todos os amigos.

Por amor dele e nele deves amar amigos e inimigos, e pede-lhe por todos, para que todos o conheçam e amem.

Nunca desejes ser louvado, nem amado acima dos outros, porque isso só pertence a Deus, que não tem igual.

Nem queiras que alguém se ocupe contigo em seu coração, nem tu te ocupes com o amor de alguém, mas reine Jesus em ti e em todo homem virtuoso.

5. Sê puro e livre no teu interior, sem apego a criatura alguma.

É mister despojar-te de tudo e oferecer a Deus um coração puro se queres descansar e ver quão suave é o Senhor.

E na verdade nunca o conseguirás, se não fores prevenido e atraído pela sua graça, de modo que, livre e desembaraçado de tudo, a sós com Ele te unas.

Pois, quando vem a graça de Deus ao homem, torna-se então capaz de tudo; e quando ela se afasta, torna-se logo pobre e fraco, e como à mercê do castigo.

6. Mas ainda nesse estado não deve abater-se nem desesperar, mas submeter-se de bom grado à vontade de Deus, e sofrer para a glória de Jesus Cristo tudo o que lhe sobrevier: porque depois do inverno vem o verão, à noite sucede o dia, e à tempestade grande bonança.

Capítulo IX
A CARÊNCIA DE TODA CONSOLAÇÃO

1. NÃO é coisa difícil desprezar a humana consolação, quando temos a divina.

Grande coisa, e bem grande, poder passar sem consolação divina e humana, e querer suportar de boa vontade o desamparo do coração para honra de Deus, e em nenhuma coisa buscar-se a si mesmo, nem olhar a seu próprio merecimento.

Que maravilha haverá em andares alegre e devoto, quando a graça de Deus te assiste? Este momento é ambicionado por todos.

Mui suavemente caminha aquele a quem a graça de Deus conduz.

E que maravilha não sentir a carga quem é amparado pelo Onipotente, e conduzido pelo supremo Guia?

2. De bom grado acolhemos as consolações e com dificuldade se despoja o homem de si mesmo.

Venceu ao mundo o santo mártir Lourenço e ao amor a seu prelado, porque desprezou todos os atrativos do século e, por amor de Cristo, sofreu tranquilamente que o separassem do Sumo Pontífice Xisto, a quem muito queria.

Assim, com o amor do Criador venceu o amor do homem, e às consolações humanas preferiu o beneplácito divino.

Aprende tu também a deixar do mesmo modo algum parente ou amigo muito querido, por amor de Deus.

Nem te aflijas, se acontecer que algum amigo te deixe; sabendo que um dia nos havemos todos de separar uns dos outros.

3. Muito e de contínuo deve o homem combater consigo mesmo, antes que aprenda a vencer-se de todo, e a pôr em Deus todo o seu afeto.

Quando o homem confia em si mesmo facilmente se deixa vencer das consolações humanas.

Mas quem ama deveras a Cristo, e trabalha com ardor por imitar suas virtudes, não cede ao atrativo destas consolações, nem busca tais doçuras sensíveis; antes deseja fortes provações, e sofrer por Cristo duros trabalhos.

4. Assim, pois, quando te der alguma consolação espiritual, recebe-a agradecido, mas reconhece que é dom de Deus, e não merecimento teu.

Não te desvaneças, nem te alegres com excesso, nem presumas vãmente de ti; mas humilha-te mais pelo dom recebido, e sê mais avisado e circunspecto em todas as tuas obras: porque aquela hora passará e virá a tentação.

Quando te for tirada a consolação, não desesperes logo, mas espera com humildade e paciência outra visita do céu: porque bem poderoso é Deus para dar-te consolação ainda maior.

Isto não é novo nem estranho para os que têm experiência dos caminhos do Senhor: os grandes Santos e os antigos Profetas experimentaram muitas vezes estas alternativas.

5. Por isso é que um deles, na presença da graça, exclamava: *Disse na minha abundância: Não vacilarei em eterno!* (Sl 30,7).

Porém, ausentando-se a graça, acrescenta o que em si experimentou, dizendo: *Apartastes de mim o vosso rosto, e fiquei conturbado* (Sl 30,8).

Nesta perturbação, porém, não desespera; antes com maior instância roga ao Senhor, dizendo: *A Vós, Senhor, clamarei, e a meu Deus invocarei* (Sl 30,9).

Por fim alcança o fruto de sua oração, e dá testemunho de ter sido ouvido, dizendo: *Ouviu-me o Senhor, e teve compaixão de mim; o Senhor tornou-se meu protetor* (Sl 30,11).

Mas em quê? *Convertestes,* diz, *meu pranto em gozo, e cercastes-me de alegria* (Sl 30,12).

Se assim foram tratados os grandes Santos, nós fracos e pobres não devemos desanimar, se ora nos sentimos fervorosos, ora tíbios; porque o espírito de Deus vem e retira-se segundo lhe apraz. Por isso disse o bem-aventurado Jó: *Visitais o homem pela manhã e logo o provais* (Jó 7,18).

6. Em que posso eu esperar, ou em que devo pôr minha confiança, senão unicamente na grande misericórdia de Deus, e na esperança da graça celestial?

Porque, ainda que esteja cercado de homens de virtude, de religiosos devotos, de amigos fiéis; livros santos e formosos tratados; doces hinos e suaves cânticos; tudo isto pouco me aproveita e tem pouco sabor para mim, quando sou desamparado da graça e entregue à minha própria pobreza.

Não acho então melhor remédio que a paciência, a renúncia de mim mesmo na vontade de Deus.

7. Não encontrei nunca homem tão religioso e devoto, que alguma vez se não visse privado da consolação divina, ou não sentisse diminuição de fervor.

Nenhum santo foi tão altamente arrebatado e iluminado, que cedo ou tarde não fosse tentado.

Não é, pois, digno da alta contemplação de Deus, quem por Ele não sofreu alguma tribulação.

A tentação é de ordinário sinal da consolação que se lhe há de seguir.

Porque aos provados pelas tentações é prometida a consolação celestial. *Ao que vencer,* diz o Senhor, *darei por alimento o fruto da árvore da vida* (Ap 2,7).

8. Deus dá a consolação, para que o homem tenha mais força para suportar as adversidades.

Segue-se-lhe também a tentação, para que não se desvaneça na prosperidade.

O demônio não dorme, nem a carne ainda está morta: por isso não cesses de preparar-te para a luta; porque à direita e à esquerda estão os inimigos que nunca descansam.

Capítulo X
A GRATIDÃO PELA GRAÇA DE DEUS

1. POR QUE buscas descanso, se nasceste para o trabalho?

Dispõe-te à paciência, mais do que à consolação, e a levar a cruz, antes que ter alegria.

Que homem mundano não receberia de boa vontade a consolação e alegria espiritual, se delas sempre pudesse gozar?

Pois as consolações espirituais sobrelevam a todos os prazeres do mundo e deleites da carne.

Porque todas as delícias do mundo ou são vãs ou torpes; e só as espirituais são agradáveis e honestas, geradas pelas virtudes e infundidas por Deus nos corações puros.

Mas ninguém pode fruir continuamente destas consolações divinas à medida de seus desejos; porque breve é o tempo em que não há tentação.

2. Grande obstáculo às visitas do céu é a falsa liberdade da alma, e a demasiada confiança em si mesmo.

Deus faz bem dando a graça da consolação; mas o homem faz mal não agradecendo e não referindo inteiramente a Deus o dom recebido.

Não podem descer abundantes em nós os dons da graça, porque somos ingratos a seu Autor, e não atribuímos tudo a Ele como fonte de onde promana.

Com efeito a graça é sempre devida a quem agradece condignamente, e Deus retira ao soberbo o que costuma dar ao humilde.

3. Não quero consolação que me tire a compunção; nem desejo contemplação, que me leve ao orgulho.

Pois nem tudo o que é elevado, é santo; nem tudo o que é doce, é bom; nem todo desejo é puro; nem tudo o que nos apraz, agrada a Deus.

De boa mente aceito a graça que me faz mais humilde e timorato, e melhor me dispõe para renunciar a mim mesmo.

O homem, instruído pelo dom da graça e escarmentado pela sua privação, não ousará atribuir-se a si bem algum; antes se confessará pobre e desprovido de tudo.

Dá a Deus o que é de Deus, e atribui a ti o que é teu; isto é, dá graças a Deus pelos auxílios que te concede, e reconhece que só a ti é devida a culpa e o justo castigo da culpa.

4. Põe-te sempre no lugar mais baixo, e ser-te-á dado o mais alto; porque o mais alto se apoia sobre o mais baixo.

Os maiores Santos diante de Deus são os mais pequenos a seus próprios olhos; e quanto mais gloriosos, tanto mais humildes.

Cheios da verdade e glória celeste, não procuram uma glória vã.

Fundados e confirmados em Deus, de nenhum modo se podem ensoberbecer.

Os que referem a Deus todo o bem que receberam, não buscam a glória que dão os homens, mas só querem a que vem de Deus.

Seu único fim, seu desejo constante, é que Deus seja louvado em si e em todos os seus Santos, acima de todas as coisas.

5. Sê, pois, agradecido pelo mínimo benefício, e merecerás receber maiores.

Considera muito o pouco, e o que é de menos estima por dádiva singular.

Se considerares a dignidade de quem dá, nenhum dom te parecerá pequeno ou desprezível. Nunca é pouco o que dá um Deus soberano.

E ainda que nos dê penas e castigos, lhe devemos agradecer, porque sempre é para nossa salvação quanto permite que nos aconteça.

Quem deseja conservar a graça de Deus, seja reconhecido quando lhe é dada, e paciente quando lhe é retirada.

Ore para que volte; ande cauto e humilde para não perdê-la.

Capítulo XI
O PEQUENO NÚMERO DOS QUE AMAM A CRUZ DE JESUS

1. JESUS tem agora muitos que amam o seu reino celestial, mas poucos que levam a sua cruz.

Muitos desejam suas consolações, e poucos seus sofrimentos.

Muitos são os companheiros de sua mesa, e poucos de sua abstinência.

Todos desejam gozar de sua alegria; poucos, porém, querem sofrer alguma coisa por Ele.

Muitos seguem a Jesus até ao partir do pão; poucos, porém, até ao beber o cálix de sua paixão.

Muitos admiram seus milagres; poucos abraçam a ignomínia da cruz.

Muitos amam a Jesus, enquanto não lhes sobrevêm as adversidades.

Muitos o louvam e exaltam, enquanto dele recebem algumas consolações.

Se Jesus, porém, se esconde e deles se afasta por algum tempo, caem logo em queixas ou excessivo desalento.

2. Aqueles, porém, que amam a Jesus por amor de Jesus, e não por amor de sua própria consolação, bendizem-no tanto na tribulação e angústia de coração, como nas maiores consolações.

E ainda que nunca mais lhes quisesse dar consolação, louvá-lo-iam sempre, e sempre lhe dariam graças.

3. Oh! Quanto pode o amor de Jesus, quando é puro e sem mistura de nenhum outro amor ou interesse próprio!

Não são porventura mercenários os que sempre buscam consolações?

Não dão provas de amor a si mais que a Cristo, os que sempre pensam em seus proveitos e comodidades?

Onde se encontrará quem queira servir a Deus graciosamente?

4. É raro encontrar uma alma tão adiantada na vida espiritual que esteja desapegada de tudo.

Quem descobrirá, pois, o verdadeiro pobre de espírito, e desapegado de todas as criaturas? *Pérola preciosa, que é necessário buscar até às extremidades da terra* (Pr 31,10).

Se o homem der por ela quanto possui, isso é nada.

E se adquirir todas as ciências, ainda está longe.

E se tiver grande virtude e fervorosa devoção, ainda lhe falta muito: isto é, uma coisa que lhe é sumamente necessária.

Que será? Que deixando tudo, se deixe a si mesmo, e saia totalmente de si, sem reserva alguma de amor-próprio.

E quando tiver feito tudo quanto julga dever fazer, sinta que nada fez.

5. Não tenha em muita conta o que por grande poderiam estimar os homens, mas confesse com toda a sinceridade que é um servo inútil, como diz a Verdade: *Quando tiverdes feito tudo o que vos é mandado, dizei: Somos servos inúteis* (Lc 17,10).

Poderá ser então verdadeiramente pobre de espírito e desapegado de tudo, e dizer com o Profeta: *Sou pobre e só no mundo* (Sl 25,16).

Ninguém, todavia, é mais rico, ninguém mais poderoso, ninguém mais livre, que aquele que sabe deixar-se a si e a todas as coisas, e colocar-se no último lugar.

Capítulo XII
A ESTRADA REAL DA SANTA CRUZ

1. A muitos parece *dura esta linguagem* (Jo 6,61): *Renuncia a ti mesmo, toma a tua cruz, e segue a Jesus* (Mt 16,24).

Muito mais duro, porém, será ouvir aquela última sentença: *Apartai-vos de mim, malditos, para o fogo eterno* (Mt 25,41).

Os que agora ouvem e seguem de boa vontade a palavra da cruz, não temerão a sentença da eterna condenação.

Este sinal da cruz aparecerá no céu, quando o Senhor vier julgar.

Então todos os servos da cruz, que se conformaram na vida com o Crucificado, com grande confiança se aproximarão de Cristo juiz.

2. Por que temes, pois, tomar a cruz, pela qual se vai ao reino do céu?

Na cruz está a salvação, na cruz a vida, na cruz a proteção contra os inimigos; na cruz a fonte das suavidades celestiais; na cruz a fortaleza da alma; na cruz a alegria do coração, na Cruz a consumação da virtude, na cruz a perfeição da santidade.

Não há salvação para a alma, nem esperança da vida eterna, senão na cruz.

Toma, pois, a tua cruz, segue a Jesus, e chegarás à vida eterna.

Ele te precedeu, levando às costas a sua cruz; e na cruz morreu por ti; para que tu leves também a tua cruz, e na cruz desejes morrer.

Porque, se morreres com Ele, também com Ele viverás; e se fores seu companheiro no sofrimento, sê-lo-ás também na glória.

3. Tudo, pois, se resume na cruz, e em morrer nela. Nem há outro caminho para a vida e para a verdadeira paz do coração, senão o da Santa Cruz e da mortificação quotidiana.

Anda por onde quiseres, procura quanto quiseres; não acharás caminho mais excelente para cima, nem mais seguro para baixo, que o da Santa Cruz.

Dispõe e ordena todas as coisas conforme teu gosto e parecer, e verás que sempre hás de padecer alguma coisa, espontaneamente ou a contragosto; e assim sempre encontrarás a cruz; porque ou sentirás dores no corpo, ou padecerás tribulações no espírito.

4. Ora serás desamparado de Deus, ora perseguido do próximo; e, o que é mais, muitas vezes serás pesado a ti mesmo.

Não poderás ser libertado nem aliviado por nenhum remédio ou conforto, mas terás que sofrer enquanto Deus quiser.

Deus quer, com efeito, que aprendas a sofrer a tribulação sem consolo, e a Ele te submetas totalmente e com a tribulação te tornes mais humilde.

Ninguém sente mais vivamente a paixão de Cristo, que aquele que padece penas semelhantes às suas.

A cruz, portanto, está sempre preparada, e em todo lugar te espera.

Para qualquer parte que vás, não lhe podes fugir, porque para onde quer que fores, levar-te-ás contigo, e sempre acharás a ti mesmo.

Volta-te para cima ou para baixo, para fora ou para dentro, em tudo acharás a cruz. E é necessário que sempre tenhas paciência, se queres ter paz interior e merecer a coroa eterna.

5. Se de boa vontade levares a cruz, ela te levará, e te guiará ao termo desejado, onde terão fim os sofrimentos; mas não será neste mundo.

Se de má vontade a levares, aumentar-lhe-ás o peso, e mais carregado irás: e, ainda assim, forçoso é que a leves.

Se rejeitares uma cruz, acharás certamente outra, e talvez mais pesada.

6. Pensas tu poder escapar ao que nenhum mortal pode evitar? Que Santo houve jamais neste mundo sem cruz e sem tribulação?

Nem ainda Jesus Cristo Nosso Senhor esteve, enquanto viveu, uma hora sem padecer. *Convinha,* disse Ele mesmo, *que Cristo sofresse, que ressuscitasse dos mortos, e assim entrasse em sua glória* (Lc 24,26).

Como, pois, buscas outro caminho que não seja a estrada real da Santa Cruz?

7. Toda a vida de Cristo foi cruz e martírio; e tu andas à procura de descanso e gozo?

Andas errado e muito errado, se buscas outra coisa mais que o sofrer tribulações; porque toda esta vida mortal está cheia de misérias e marcada de cruzes.

E quanto mais progressos na vida espiritual fizer alguém, tanto mais pesadas virão a ser muitas vezes suas cruzes; porque o amor torna seu desterro mais doloroso.

8. No entanto, a quem se acha no meio de tantas provações não lhe faltará o conforto das consolações; porque sente o grande fruto que lhe vai crescendo com levar a sua cruz.

Pois, quando de bom grado ela se sujeita, todo o peso da tribulação se converte em confiança da divina consolação.

E quanto mais se quebranta a carne pela aflição, tanto mais se fortalece o espírito pela graça interior.

E às vezes o desejo de sofrer penas e adversidades para mais se conformar à cruz de Cristo inspira-lhe tanta força, que não quisera viver sem dores e tribulações: pois crê ser tanto mais aceito a Deus, quanto forem maiores os trabalhos que por seu respeito puder sofrer.

Não é isto virtude humana, senão graça de Cristo, que tanto pode e tanto faz na carne frágil, que o homem abrace e ame com afeto intenso o que naturalmente lhe causa horror e aversão.

9. Não é natural ao homem levar a cruz, amar a cruz, castigar o corpo e reduzi-lo à submissão, fugir das honras, sofrer de bom grado as injúrias, desprezar-se e querer ser desprezado, suportar as adversidades e os prejuízos, e não desejar prosperidade alguma neste mundo.

Se a ti só olhares, acharás que nada disto podes fazer; porém se confiares no Senhor, do alto ser-te-á dada a força, e terás poder sobre a carne e o mundo.

Se te armares do escudo da fé e do sinal da cruz de Cristo, nem ao mesmo inimigo infernal temerás.

10. Resolve-te, pois, como bom e fiel servo de Cristo, a levar varonilmente a cruz do teu Senhor, crucificado por teu amor.

Prepara-te a sofrer nesta miserável vida muitas adversidades e vários incômodos. Porque isto é o que te espera onde quer que estejas, e o que acharás onde quer que te escondas.

É necessário que assim seja, e não há outro remédio para minorar a dor e a tribulação dos males, senão suportar-te a ti mesmo.

Bebe afetuosamente o cálice do Senhor, se queres ser seu amigo, e ter parte em sua herança.

Deixa a Deus o dispor de suas consolações: Ele as distribui como for do seu agrado.

Tu, porém, prepara-te para suportar tribulações e considera-as como consolação de grande valia: *Porque os sofrimentos desta vida não têm proporção com a glória futura* (Rm 8,18), ainda que, só, os pudesses suportar todos.

11. Quando chegares a um estado, em que a aflição te seja suave e gostosa por amor de Cristo, dá-te por feliz, porque encontraste o paraíso na terra.

Enquanto o padecer te for molesto e buscares evitá-lo, ir-te-á mal; seguir-te-á em toda parte a tribulação que foges.

12. Se, porém, te dispõe ao que deves, isto é, a sofrer e morrer, logo te sentirás melhor e acharás a paz.

E ainda quando fosses arrebatado, como S. Paulo, ao terceiro céu, nem por isso estarias seguro de nada sofrer. *Eu lhe mostrarei,* diz Jesus, *quanto convém que ele sofra por meu nome* (At 9,16).

Não te resta, pois, senão sofrer, se queres amar a Jesus e servi-lo sempre.

13. Prouvera a Deus fosses digno de padecer alguma coisa pelo nome de Jesus! Que glória para ti! Que alegria para os Santos de Deus! Que edificação para o próximo!

Todos recomendam a paciência ainda que poucos queiram exercitá-la.

Deverias de boa mente sofrer um pouco por amor de Cristo, quando tantos por amor do mundo padecem males mais graves.

14. Tem por certo que tua vida deve ser uma morte contínua e quanto mais morre cada um a si mesmo, tanto mais começa a viver para Deus.

Ninguém é capaz de compreender as coisas celestiais, se não se resignar a sofrer adversidades por Cristo.

Nada há mais agradável a Deus, nem mais proveitoso para ti neste mundo, que padecer de bom grado por Cristo.

E se te dessem a escolher, antes deverias preferir sofrer adversidades por Cristo, a recrear-te com muitas consolações; porque assim serias mais semelhante a Cristo, e mais conforme a todos os Santos.

Não consiste, pois, nosso merecimento e o progresso de nosso estado nas muitas suavidades e consolações, mas sim em suportar grandes fadigas e tribulações.

15. Se alguma coisa houvera de melhor e mais útil que o sofrimento para a salvação do homem, Cristo sem dúvida no-lo teria ensinado com palavras e com o exemplo.

Pois, aos discípulos que o acompanhavam e a quantos desejam segui-lo, Ele exorta claramente a que levem a cruz, dizendo: *Se alguém quiser vir após mim, negue-se a si mesmo, tome a sua cruz, e siga-me* (Mt 16,24).

Assim, pois, lidas e bem pesadas todas as coisas, seja esta a última conclusão: *que é mister passar por muitas tribulações para entrar no reino de Deus* (At 14,21).

LIVRO TERCEIRO

A CONSOLAÇÃO INTERIOR

Capítulo I
A CONVERSAÇÃO INTERIOR DE CRISTO COM A ALMA FIEL

1. A ALMA – *Ouvirei o que em mim disser o Senhor Deus* (Sl 85,9).

Feliz a alma que ouve o Senhor falar-lhe interiormente, e de seus lábios recebe palavras de consolação!

Bem-aventurados os ouvidos que recolhem os murmúrios das divinas inspirações e se fazem surdos aos sussurros do mundo!

Mil vezes bem-aventurados os ouvidos que escutam, não a voz que soa de fora, mas a verdade que ensina internamente!

Ditosos os olhos que, fechando-se às coisas exteriores, estão abertos para as interiores!

Bem-aventurados os que penetram as coisas interiores, e com exercícios quotidianos se habilitam cada dia mais a entender os segredos celestiais!

Felizes os que suspiram por entregar-se a Deus, e se desembaraçam de todos os impedimentos do mundo!

Considera bem tudo isto, ó minha alma, e cerra as portas dos teus sentidos, para que possas ouvir o que dentro de ti disser o Senhor teu Deus.

2. JESUS CRISTO – Eis aqui o que diz o teu amado: *Eu sou a tua salvação* (Sl 35,3), a tua paz e a tua vida.

Conserva-te junto de Mim e encontrarás repouso. Deixa todas as coisas transitórias; busca as eternas.

Que são todas as coisas temporais senão sedução? E de que te servirão todas as criaturas se fores abandonada pelo Criador?

Renuncia, pois, a tudo, sê agradável e fiel a teu Criador, para que possas alcançar a verdadeira bem-aventurança.

Capítulo II
A VERDADE FALA DENTRO DE NÓS SEM RUÍDO DE PALAVRAS

1. A ALMA – *Falai, Senhor, porque vosso servo escuta* (1Rs 3,10).

Eu sou vosso servo; dai-me entendimento, para que conheça a vossa lei (Sl 119,125).

Inclinai meu coração às palavras de vossa boca (Sl 118,36); *desça vossa palavra como o orvalho* (Dt 32,2).

Diziam outrora os filhos de Israel a Moisés: *Fala-nos tu, e ouviremos: não nos fale o Senhor, para que não suceda morramos* (Ex 20,19).

Não é esta, Senhor, não é esta a minha oração: antes, como o profeta Samuel, humilde e ardentemente, eu vos suplico: *Falai, Senhor, porque vosso servo escuta* (1Sm 3,9).

Não me fale Moisés, ou outro Profeta; falai-me vós, Senhor Deus, inspiração e luz de todos os Profetas; pois, Vós só, sem eles, me podeis ensinar perfeitamente; e eles sem Vós de nada me serviriam.

2. Eles podem muito bem proferir palavras; mas não comunicam o espírito.

Falam com eloquência; mas, se calais, não inflamam o coração.

Expõem a letra; mas Vós explicais o sentido.

Propõem os mistérios; mas Vós abris a inteligência do que neles se esconde.

Pregam os mandamentos; Vós, porém, ajudais a cumpri-los.

Mostram o caminho, Vós, porém, dais ânimo para trilhá-lo.

Atuam tão somente de fora; Vós, porém, instruís e alumiais os corações.

Regam a superfície; mas Vós dais a fecundidade.

Chamam com palavras; Vós, porém, fazeis que o ouvido as perceba.

3. Não me fale, pois, Moisés, senão Vós, Senhor Deus meu, eterna verdade, para que não me suceda que morra e fique estéril, se for ensinado de fora e não abrasado por dentro.

Para que não me sirva de condenação vossa palavra ouvida e não praticada, conhecida e não amada, criada e não guardada.

Falai, pois, Senhor, porque vosso servo escuta (1Sm 3,9), *já que tendes palavras de vida eterna* (Jo 6,69).

Falai-me para alguma consolação de minha alma; para a reforma de toda a minha vida; para louvor, glória e perpétua honra vossa.

Capítulo III
AS PALAVRAS DE DEUS DEVEM-SE OUVIR COM HUMILDADE; MUITOS NÃO AS PONDERAM

1. JESUS CRISTO – Ouve, filho, minhas palavras, palavras suavíssimas, que excedem toda a ciência dos filósofos e sábios deste mundo.

Minhas palavras *são espírito e vida* (Jo 6,64), e não se podem julgar pela razão humana.

Não devem constituir motivo de vã complacência, mas devem ouvir-se em silêncio, e receber-se com toda a humildade e grande afeto.

2. A ALMA – E eu disse: *Bem-aventurado aquele, a quem vós instruirdes, Senhor, e a quem ensinardes vossa lei; para lhe suavizar os dias maus* (Sl 94,12-13), e não o deixar sem consolação na terra.

3. JESUS CRISTO – Eu, diz o Senhor, ensinei os Profetas desde o princípio, e não cesso ainda de falar a todos; porém muitos são surdos e insensíveis à minha voz.

Muitos de mais boa vontade ouvem o mundo que a Deus, e mais facilmente seguem os apetites da carne que os preceitos divinos.

Promete o mundo coisas temporais e pequenas, e é servido com grande ânsia; eu prometo bens soberanos e eternos, e o coração dos homens permanece insensível.

Quem com tanta solicitude me serve e obedece em tudo como se serve ao mundo e a seus senhores?

Envergonha-te, Sidon, diz o mar (Is 23,4); e, se perguntas a causa, ei-la aqui.

Empreendem-se longas caminhadas para conseguir pequena prebenda; pela vida eterna muitos a custo dão um passo.

Trabalha-se por vil recompensa: por uma moeda armam às vezes ignominiosos processos; e não duvidam labutar dia e noite por uma bagatela ou mesquinha promessa.

4. Mas, ó vergonha! Quando se trata de um bem imutável, de uma recompensa inestimável, de uma honra suprema e de uma glória sem-fim, furiamo-nos ao mínimo esforço

Envergonha-te, pois, servo preguiçoso e murmurador; envergonha-te de ver que há homens mais aplicados em se perderem, do que tu em te salvares. Alegram-se mais na vaidade, que tu na verdade.

Contudo algumas vezes são frustradas as suas esperanças; porém minha promessa a ninguém engana, nem deixa desiludido quem em Mim confia.

Eu lhe darei o que prometi, cumprirei o que lhe disse, contanto que permaneça fiel ao meu amor.

Eu sou o remunerador de todos os bons e provo fortemente os justos.

5. Escreve as minhas palavras em teu coração, e medita-as atentamente, porque te serão muito necessárias na hora da tentação.

O que agora não entendes quando lês, tu o entenderás no dia da minha visita.

De dois modos costumo visitar os meus escolhidos: pela tentação e pela consolação.

Dou-lhes cada dia duas lições: repreendo-lhes os vícios e exorto-os a progredir na virtude.

Quem ouve minha palavra e a despreza será por ela julgado no último dia (Jo 12,48).

Oração para pedir a graça da devoção

6. A ALMA – Deus e Senhor meu, sois todo o meu bem: e quem sou eu para me atrever a falar-Vos?

Sou o mais pobre dos vossos servos, vermezinho abjeto, muito mais pobre e desprezível do que eu mesmo sei e ouso dizer.

Lembrai-Vos, porém, Senhor, que nada posso, nada tenho e nada valho.

Só Vós sois bom, justo e santo; tudo podeis, tudo dais, tudo encheis e só ao pecador deixais vazio.

Lembrai-Vos de vossas misericórdias (Sl 25,6), e enchei meu coração de vossa graça; pois não quereis seja vazia nenhuma de vossas obras.

7. Como poderei eu suportar-me nesta miserável vida se não me confortar a vossa misericórdia e a vossa graça?

Não aparteis de mim vosso rosto; não demoreis a vossa visita; não me priveis de vosso alívio, para que, apartado de vós, não venha *minha alma a ser como uma terra sem água* (Sl 143,6).

Ensinai-me, Senhor, a fazer vossa vontade (Sl 143,10); ensinai-me a estar em vossa presença digna e humildemente; pois sois minha sabedoria, porque na verdade me conheceis, e me conhecestes antes que eu viesse ao mundo, e ainda antes que o mundo fosse criado.

Capítulo IV
DEVEMOS ANDAR NA PRESENÇA DE DEUS EM VERDADE E HUMILDADE

1. JESUS CRISTO – Filho, anda na minha presença em verdade, e busca-me sempre com singeleza de coração.

Quem anda em verdade na minha presença será defendido das incursões do mal, e a verdade o livrará das seduções e calúnias dos malvados.

Se a verdade te livrar, serás verdadeiramente livre, e nenhum cuidado te darão as vãs palavras dos homens.

2. A ALMA – Verdade é o que dizeis, Senhor; peço-vos que assim aconteça comigo. A vossa verdade me ensine, me defenda, me conserve, até à salvação final.

Ela me livre de todos os maus desejos e afetos desordenados, e andarei convosco com grande liberdade de coração.

3. JESUS CRISTO – Eu te ensinarei, diz a Verdade, o que é justo e o que me agrada.

Pensa em teus pecados com grande dor e tristeza, e não imagines que és digno de consideração por tuas boas obras.

És na verdade pecador, sujeito a muitas paixões e preso em seus laços.

Por natureza tendes sempre para o nada; facilmente resvalas, facilmente te perturbas, facilmente desanimas.

Nada tens de que te possas gloriar, muito, porém, de que te devas humilhar: porque és mais fraco do que podes conceber.

4. Nada, pois, do que fazes te pareça grande.

Não tenhas por grande, precioso, admirável, elevado nem digno de estima, louvor e desejo senão o que é eterno.

Ama sobre todas as coisas a verdade eterna, e despreza sempre a tua extrema vileza.

Nenhuma coisa temas, reproves e fujas tanto como teus vícios e pecados, os quais devem entristecer-te mais do que todas as perdas do mundo.

Alguns não andam diante de Mim com sinceridade; porém, levados de certa curiosidade e arrogância, querem saber meus segredos e penetrar as profundezas de Deus, não cuidando de si mesmos, nem de sua salvação.

Estes tais muitas vezes caem em grandes tentações e pecados por sua soberba e curiosidade, porque a eles me oponho.

5. Teme os juízos de Deus: treme ante a ira do Onipotente. Não queiras esquadrinhar as obras do Altíssimo; examina, porém, tuas iniquidades, o mal que tantas vezes cometeste, e o bem que tantas vezes negligenciaste.

Alguns põem toda a sua devoção nos livros, outros nas imagens, outros ainda em sinais e figuras exteriores.

Alguns me trazem nos lábios, mas pouco no coração.

Outros há que, tendo a alma esclarecida e o coração purificado, suspiram sempre pelos bens eternos. Custa-lhes ouvir falar das coisas da terra; a contragosto se sujeitam às necessidades da natureza. Estes compreendem quanto o Espírito da verdade lhes diz no coração.

Porque lhes ensina a desprezar as coisas terrenas e amar as celestiais, a esquecer o mundo e desejar o céu dia e noite.

Capítulo V
OS ADMIRÁVEIS EFEITOS DO DIVINO AMOR

1. A ALMA – Graças vos dou, Pai celestial, Pai de meu Senhor Jesus Cristo, porque houvestes por bem lembrar-vos de mim, pobre criatura.

Ó Pai das misericórdias e Deus de toda a consolação (2Cor 1,3), graças vos dou, porque, apesar de minha indignidade, algumas vezes me confortais com as vossas consolações.

Sede bendito para todo o sempre, e glorificado com vosso Filho Unigênito e o Espírito Santo Consolador, por todos os séculos dos séculos.

Ó Senhor Deus, santo amigo de minha alma! Quando descerdes ao meu coração, exultarão de alegria as minhas entranhas.

Sois a minha glória e o júbilo de meu coração; minha esperança e *meu refúgio no dia da tribulação* (Sl 37,39).

2. Mas porque ainda sou fraco no amor e imperfeito na virtude, por isso necessito de que me fortaleçais e consoleis. Vinde, pois, Senhor, muitas vezes à minha alma, e ensinai-me a vossa santa doutrina.

Livrai-me das paixões más, sarai meu coração de todos os afetos desordenados, para que, curado e bem purificado interiormente, me torne apto para amar-vos, forte para sofrer, firme para perseverar.

3. Grande coisa é o amor! Bem sobremaneira grande. Só ele torna leve tudo o que é pesado, e suporta com igualdade de ânimo todas as desigualdades da vida.

Pois leva a carga sem sentir-lhe o peso, e torna doce e saboroso tudo o que é amargo.

O amor de Jesus é generoso; faz-nos empreender grandes ações e sempre nos excita ao que é mais perfeito.

O amor aspira sempre às alturas e não se detém em coisas baixas.

O amor deseja ser livre e isento das afeições mundanas, para que suas aspirações não sofram obstáculos, não sejam retardadas pelos bens terrenos, nem abatidas pelas dificuldades.

Nada mais doce que o amor, nada mais forte, nada mais sublime, nada mais amplo, nada mais delicioso, nada mais perfeito nem melhor no céu e na terra; porque o amor nasceu de Deus, e só em Deus pode descansar, acima de todas as criaturas.

4. Quem ama corre, voa, vive alegre, é livre, e nada o embaraça.

Dá tudo para possuir tudo, e possui tudo em todas as coisas, porque sobre todas descansa no único Sumo Bem, do qual dimanam e procedem todos os bens.

Não considera as dádivas, mas mais que todos os bens importa-lhe o doador.

O amor muitas vezes não conhece medida, mas transborda acima de toda a medida.

Nada lhe pesa, nada lhe custa; quer mais do que pode; não alega impossibilidades, pois crê que tudo lhe é possível e permitido.

Por isso é capaz de tudo, e realiza e leva a termo muitas coisas que esmorecem e prostram a quem não ama.

5. O amor está vigilante, e ainda no sono não dorme.

Nenhuma fadiga o cansa; nenhuma angústia o aflige; nenhum terror o amedronta; mas, qual ardente chama e cintilante labareda, irrompe para o alto e avança sem obstáculos.

Quem ama sabe o que significa esta palavra. Grande clamor fazem nos ouvidos de Deus aqueles ardentes afetos da alma a dizer: Meu Deus! Meu amor! Sois todo meu, e eu todo vosso!

6. A ALMA – Dilatai-me no amor para que aprenda a saborear no fundo do coração como é doce amar e a derreter-me e nadar no amor.

Possua-me o amor, e eleve-me acima de mim mesmo nos transportes de seu enlevo.

Cante eu o cântico do amor; siga-Vos nas alturas, Amado de minha alma; e em júbilos de amor desfaleça em vossos louvores.

Ame-Vos eu mais que a mim, nem me ame a mim senão por amor de Vós, e em Vós a todos os que verdadeiramente Vos amam, como ordena a lei do amor, que de vós irradia.

7. JESUS CRISTO – O amor é solícito, sincero, piedoso, alegre e afável, forte, sofredor, fiel, prudente, magnânimo, varonil, e nunca busca a si mesmo, porque quando alguém busca a si mesmo logo perde o amor.

O amor é circunspecto, humilde e reto; não é frouxo, nem leviano, nem busca as coisas vãs; sóbrio, casto, perseverante, tranquilo e recatado na guarda de todos os sentidos.

O amor é submisso e obediente aos superiores, vil e desprezível aos próprios olhos; dedicado e agradecido a Deus, ainda quando não lhe saboreia as consolações, porque sem dor não se vive em amor.

8. Quem não está disposto a sofrer tudo e a fazer sempre a vontade do Amado não merece o nome de amante.

É mister que aquele que ama abrace de boa vontade pelo Amado tudo o que há de mais duro e amargo, e que dele se não aparte, ainda quando a adversidade o persiga.

Capítulo VI
A PROVA DO VERDADEIRO AMOR

1. JESUS CRISTO – Filho, não és ainda bastante forte e esclarecido em teu amor.

2. A ALMA – Por que, Senhor?

3. JESUS CRISTO – Porque à menor contradição deixas a obra começada e buscas com demasiada ânsia a consolação.

Quem é forte no amor permanece firme na tentação, e não cede às sugestões astuciosas do inimigo. Como lhe agrado na prosperidade, não lhe desagrado na adversidade.

2. Quem é esclarecido no amor não considera tanto a dádiva de quem ama, como o amor de quem dá.

Olha mais para o afeto que para o benefício, e acima de todos os dons coloca o Amado.

Quem me ama com amor generoso não se detém no dom, mas em Mim descansa, acima de todos os meus dons.

Não julgues por isso que tudo está perdido, se alguma vez não experimentas para comigo ou os meus Santos os sentimentos que quiseras.

Aquele terno e doce afeto, que algumas vezes sentes, é efeito da presença de minha graça e antegosto da pátria celeste; sobre ele não te deves apoiar muito, porque vem e vai.

Indício de virtude e grande merecimento é combater os movimentos desordenados da alma e desprezar as sugestões do demônio.

3. Não te perturbem, pois, estranhas imaginações, qualquer que seja o seu objeto.

Conserva firme o teu propósito e a intenção voltada para Deus.

Nem tenhas por ilusão se alguma vez te sentes de repente arrebatado em êxtase, e logo depois recais nas frivolidades que de ordinário ocupam teu coração.

Não és causa delas, antes as padeces contra a vontade; e, enquanto te desagradam e resistires, tens merecimento e não culpa.

4. Está certo de que o antigo inimigo de todos os modos se esforça para abafar os teus bons desejos e afastar-te dos exercícios de piedade: como o culto dos Santos, a piedosa lembrança de minha Paixão, a recordação proveitosa dos pecados, a guarda do teu coração, o propósito firme de progredir na virtude.

Sugere-te mil pensamentos maus para causar-te horror e tédio, para te apartar da oração e das santas leituras.

Desagrada-lhe a confissão humilde, e, se pudesse, faria com que deixasses de comungar.

Não lhe dês crédito, nem te preocupes com ele, ainda que muitas vezes prepare armadilhas para te seduzir.

Lança-lhe a culpa de quantos pensamentos maus e impuros te sugerir. Dize-lhe: Vai-te, espírito imundo; envergonha-te, miserável; bem impuro deves ser, para me trazeres à imaginação tais torpezas.

Retira-te de mim, malvado embusteiro: não terás parte em meu coração; Jesus estará comigo, como invencível guerreiro, e tu ficarás confuso.

Antes quero morrer e sofrer todos os tormentos, que pactuar contigo.

Cala-te e não me fales mais (Mc 4,39); não te darei ouvidos, por mais que me importunes.

A quem posso eu temer, sendo o Senhor minha luz e minha salvação? (Sl 27,1).

Ainda que um exército se levante contra mim, não temerá meu coração (Sl 27,3). *O Senhor é minha ajuda e meu Redentor* (Sl 19,15).

5. Peleja como bom soldado; e se alguma vez sucumbires por fragilidade, recobra maiores forças, confiado na minha graça mais abundante; e guarda-te da vã complacência e da soberba.

Por isso muitos são induzidos em erro e algumas vezes se precipitam em quase incurável cegueira.

Sirva-te como lição de vigilância e contínua humildade a ruína desses soberbos, que loucamente presumem de si.

Capítulo VII
A NECESSIDADE DE OCULTAR A GRAÇA SOB A GUARDA DA HUMILDADE

1. JESUS CRISTO — Filho, mais útil e seguro é para ti ocultar a graça da devoção, sem te desvaneceres nem falares muito nela ou lhe dares muita atenção; antes desprezando-te a ti mesmo e temendo que haja sido dada a quem dela era indigno.

Não deves estar muito apegado a um sentimento que bem depressa pode mudar-se no contrário.

Quando possuis a graça, pensa como costumas ser miserável e pobre sem ela.

O progresso da vida espiritual não consiste só em possuir a graça da consolação, mas em suportar-lhe a privação com humildade, abnegação e paciência; sem afrouxar na prática da oração, nem deixar as demais ocupações habituais. Mas, como melhor puderes e entenderes, fazer de boa vontade o que está em tuas mãos; sem descuidar completamente a tua alma por causa da aridez e ansiedades que nela experimentas.

2. Muitos há, com efeito, que impacientam e desanimam quando as coisas não correm como desejam.

Porém *não está sempre na mão do homem o seu caminho* (Jr 10,23); mas a Deus pertence consolar e dar quando quer, quanto quer e a quem quer, conforme lhe aprouver, e não mais.

Alguns, imprudentes, arruinaram-se pelo ardor da devoção, porque quiseram fazer mais do que podiam, não pesando sua fraqueza, seguindo antes o ímpeto do coração que o juízo da razão.

E porque presumiram elevar-se mais alto do que Deus queria, bem depressa perderam a graça.

Os que no céu haviam colocado o seu ninho, caíram na própria baixeza e miséria, para que, humilhados e empobrecidos, aprendessem a não voar com as próprias asas, mas a esperar sob a proteção das minhas.

Os novos e inexperientes no caminho do Senhor facilmente se podem enganar e perder, se não se deixarem guiar pelos conselhos de pessoas prudentes.

3. Se quiserem seguir antes o próprio parecer que acreditar nas pessoas experimentadas, correrá risco sua salvação, a menos que renunciem ao seu modo de ver.

Os que se têm na conta de sábios, raramente se deixam guiar pelos outros com humildade.

Vale mais saber pouco com humildade e fraca inteligência, que possuir grandes tesouros de ciência com vã complacência.

É melhor para ti possuir pouco, do que muito de que te possas ensoberbecer.

Não procede muito discretamente aquele que se entrega todo à alegria, esquecendo sua antiga miséria e o casto temor de Deus, que receia perder.

Nem tão pouco demonstra muita virtude quem no tempo da adversidade e da prova se entrega a excessivo desânimo e, nos pensamentos e afetos, confia menos em Mim do que devia.

4. Quem se considera muito seguro em tempo de paz, facilmente muito medroso e cobarde será em tempo de guerra.

Se souberas conservar-te sempre humilde e pequenino no teu conceito, e governar e dirigir bem o teu espírito, não cairias tão depressa na tentação e no pecado.

Quando te achares penetrado dum grande fervor, é bom que medites no que será de ti na ausência da luz.

Quando assim acontecer, de novo poderá voltar esta luz que, para teu proveito e glória minha, retirei por algum tempo.

5. Muitas vezes tal prova te é mais proveitosa do que se tudo te saísse sempre bem, à medida de teus desejos.

Porque os merecimentos de alguém não se hão de medir pelas muitas visões e consolações que tenha, nem por ser perito nas Escrituras, nem por ter sido guindado a cargo mais elevado, mas por se achar firmado na verdadeira humildade e cheio de caridade divina, por procurar sempre a glória de Deus com pureza e integridade, por se ter em nenhuma conta e se desprezar sinceramente, e por gostar mais de ser desprezado e humilhado que honrado dos homens.

Capítulo VIII
A VIL ESTIMA DE SI MESMO AOS OLHOS DE DEUS

1. A ALMA – *Falarei ao Senhor meu Deus, embora eu seja pó e cinza* (Gn 18,27).

Se me reputar mais do que sou, eis que vos ergueis contra mim, e minhas iniquidades dão contra mim um testemunho verdadeiro que não posso contradizer.

Se, porém, me envilecer e aniquilar, e despir toda a estima de mim mesmo e me reduzir ao pó que sou na realidade, vossa graça me será favorável, e vossa luz alumiará o meu coração; e qualquer estima própria, por mínima que seja, afundará no abismo de meu nada, e perecerá para sempre.

Aí me fazeis conhecer a mim mesmo, o que sou, o que fui e até que ponto cheguei; *porque sou nada, e não o sabia* (Sl 73,22).

Se ficar entregue a mim mesmo, sou todo fraqueza e puro nada; se, porém, lançais sobre mim vossos olhos, logo me sinto forte e cheio de nova alegria.

É grande maravilha como tão depressa me levantais e com tanta bondade me tomais em vossos braços; a mim que, por meu próprio peso, sempre pendo para a terra!

2. Obra é esta do vosso amor, que me previne gratuitamente, que me socorre em tantas necessidades, me preserva de tão grandes perigos e me livra de males para bem dizer sem conta.

Porque eu me perdi, amando-me desordenadamente; porém buscando-vos a Vós só e amando-vos puramente, me achei a mim não menos que a Vós; e o vosso amor me abismou mais profundamente no meu nada.

Ó dulcíssimo Senhor, Vós me tratais muito acima de meu merecimento, muito acima de quanto me atrevo a esperar e pedir.

3. Bendito sejais, Deus meu, porque, ainda que eu seja indigno de todos os benefícios, não cessa vossa generosidade e infinita bondade de fazer o bem, ainda aos ingratos e aos que de Vós se apartaram.

Trazei-nos a Vós, Senhor, para que sejamos agradecidos, humildes e fervorosos: porque sois nossa salvação, nossa virtude e nossa fortaleza.

Capítulo IX
TODAS AS COISAS SE DEVEM REFERIR A DEUS COMO A SEU ÚLTIMO FIM

1. JESUS CRISTO – Filho, se queres ser verdadeiramente feliz, Eu devo ser teu fim último e supremo; com esta intenção purificar-se-ão teus afetos, muitas vezes por demais inclinados para ti e para as criaturas.

Porque se em alguma coisa te buscares a ti mesmo, logo cairás em desfalecimento e na frieza.

Refere, pois, tudo principalmente a Mim, que sou Eu quem te deu tudo.

Considera que todos os bens dimanam do Soberano Bem; e por isso devem referir-se a Mim como à sua origem.

2. De Mim tiram água, como de fonte viva, o pequeno e o grande, o pobre e o rico; os que me servem livre e voluntariamente receberão graça sobre graça.

Porém o que quiser exaltar-se fora de Mim, ou deleitar-se em algum bem particular, não terá nunca alegria verdadeira e sólida, nem gozará da liberdade do coração; mas achar-se-á de mil maneiras tolhido e angustiado.

Por isso não atribuas a ti bem algum, nem a homem algum a virtude, mas refere tudo a Deus, sem o qual nada possui o homem.

Eu dei tudo; tudo quero reaver, e com todo o rigor exijo as graças que me são devidas.

3. Esta é a verdade que afugenta a glória vã.

E onde reina a graça celeste e a verdadeira caridade, não haverá lugar para a inveja, nem para apertos de coração ou para o amor-próprio.

A caridade divina tudo vence e multiplica as forças da alma!

Se és verdadeiro sábio, em Mim só te alegrarás, e em Mim só porás a tua esperança, porque *ninguém é bom senão só Deus* (Lc 18,19); a quem em tudo e acima de tudo se deve louvor e bênção.

Capítulo X
DESPREZANDO O MUNDO, É DOCE SERVIR A DEUS

1. A ALMA – Outra vez falarei agora, Senhor, e não me calarei. Direi a meu Deus, meu Senhor e meu Rei, que habita nas alturas:

Quão grande, Senhor, é a abundância das doçuras que reservais para os que Vos temem! (Sl 31,20). Mas que sereis para os que Vos amam? Para os que Vos servem de todo o coração?

Na verdade, são inefáveis as delícias da contemplação com que inundais os que Vos amam.

Vós me manifestastes a ternura de vosso amor principalmente porque, quando eu não existia, me criastes; quando andava longe de Vós me chamastes a Vós para que Vos servisse, e me destes o preceito de Vos amar.

2. Ó fonte de amor eterno! Que direi de Vós? Poderei eu esquecer-me de Vós, quando vos dignastes lembrar-Vos de mim, ainda depois de me haver desgraçado e perdido?

Usastes de misericórdia com vosso servo além de toda a esperança, e além de todo o merecimento lhe concedestes vossa graça e amizade.

Com que Vos agradecerei, Senhor, um tão singular favor? Porque nem a todos é dado deixar tudo, renunciar ao mundo e abraçar a vida religiosa.

Porventura será muito que eu Vos sirva, quando toda criatura está obrigada a Vos servir?

Não, servir-Vos não me deve parecer grande coisa; grande coisa, sim, e admirável é que Vos digneis receber-me como servo vosso, e unir-me aos vossos queridos servos, sendo eu tão pobre e indigno.

3. Vosso é tudo o que tenho e com que Vos sirvo. E, no entanto, Vós me servis mais a mim do que eu a Vós.

Criastes para o serviço do homem o céu e a terra, que obedecem a vosso aceno, e fazem cada dia o que lhes mandais. E isto ainda é pouco, pois até os Anjos pusestes a serviço do homem.

Mas não para aqui vossa bondade infinita, pois Vos dignastes de servir ao homem, e prometestes que Vos daríeis a ele como recompensa.

4. Que Vos darei por estes benefícios sem conta? Oh! Se pudesse servir-Vos todos os dias de minha vida! Se pudera ao menos servir-Vos dignamente um só dia!

Em verdade sois digno de toda a homenagem, de toda a honra e de eterno louvor!

Vós sois, na realidade, meu Senhor, e eu vosso pobre escravo, obrigado a servir-Vos com todas as minhas forças, sem jamais me cansar de Vos louvar.

Assim o quero, assim o desejo: dignai-Vos suprir o que me falta.

5. Que honra, Senhor, que glória não é servir-Vos, e tudo desprezar por vosso amor. Graças abundantes receberão aqueles que espontaneamente se submeterem ao vosso santo serviço.

Consolação suavíssima do Espírito Santo encontrarão os que por vosso amor desprezarem os deleites dos sentidos.

Grande liberdade de espírito hão de gozar os que, pela glória de vosso nome, enveredarem pelo caminho estreito, e se despojarem de todos os cuidados mundanos.

6. Oh! Feliz e amável escravidão, em que o homem se torna verdadeiramente livre e santo!

Oh! Sagrada sujeição da vida religiosa, que torna o homem aceito a Deus, igual aos Anjos, terrível ao demônio e recomendável a todos os fiéis!

Oh! Divino serviço que sempre devemos desejar e abraçar, porque nos merece o Sumo Bem e nos assegura uma felicidade que não há de ter fim!

Capítulo XI
OS DESEJOS DO CORAÇÃO DEVEM-SE EXAMINAR E MODERAR

1. JESUS CRISTO – Filho, deves aprender muitas coisas, que ainda não aprendes-te bem.

2. A ALMA – Que coisas são essas, Senhor?

3. JESUS CRISTO – Que hás de submeter totalmente teus desejos à minha vontade, não te amando a ti mesmo, mas buscando com ardor tudo o que for do meu agrado.

Muitas vezes inflamam-te os teus desejos e te impelem com veemência; considera, porém, se o que te move é minha glória ou teu próprio interesse.

Se a Mim me tens em vista, estarás contente, sejam quais forem as minhas determinações; se, porém, em segredo buscares a ti mesmo, sentir-te-ás embaraçado e aflito.

4. Tem, pois, cuidado em não te apoiares demasiadamente em desejos formados sem me consultar, porque pode ser que depois te arrependas, ou te descontente o que a princípio te agradava e que, por te parecer melhor, desejaste.

Porque não se deve seguir logo qualquer desejo que parece bom, nem tão pouco rejeitar apressadamente toda afeição que parece má.

Convém algumas vezes moderar até os ardores de um zelo santo e os bons desejos, para que, pela sofreguidão, não venhas a cair nas distrações do espírito; ou para que, pela indisciplina, não causes escândalo aos outros, ou enfim, pela oposição que encontrares, não caias em turbação e abatimento.

5. Pelo contrário deves algumas vezes usar de violência e resistir varonilmente aos apetites dos sentidos, não atendendo ao que a carne quer ou não quer, mas trabalhando por sujeitá-la, apesar de sua rebeldia, ao império do espírito.

E deves castigá-la e submetê-la à servidão, até que a tudo esteja disposta, aprenda a contentar-se com pouco e a gostar das coisas simples, sem resmungar contra o que lhe desagrada.

Capítulo XII
A FORMAÇÃO PARA A PACIÊNCIA E A LUTA CONTRA AS PAIXÕES

1. A ALMA – Deus e Senhor meu, vejo quão necessária me é a paciência: porque nesta vida acontecem muitas adversidades.

Por mais que eu faça para ter paz, nunca minha vida transcorre sem trabalho nem dor.

2. JESUS CRISTO – Assim é, filho meu; mas não quero que procures uma paz isenta de tentações e contratempos.

Antes, crê que achaste a paz quando estiveres atormentado por muitas tribulações, e tiveres experimentado muitas adversidades.

Se disseres que não podes sofrer tanto, como sofrerás o fogo do purgatório?

De dois males sempre se há de escolher o menor.

Para evitares, pois, os tormentos eternos, trata de sofrer de bom ânimo, por Deus, os males presentes.

Pensas tu que os mundanos têm pouco ou nada que sofrer? Nenhum encontrarás sem sofrimento, ainda que os busques entre os que vivem nas maiores delícias.

3. Dirás que têm muitos divertimentos e seguem seus apetites, e por isto pouco lhes pesam as tribulações.

4. Pois seja assim: que tenham eles quanto desejam; mas quanto tempo isso lhes há de durar?

Os ricos do mundo *se desvanecerão como o fumo* (Sl 37,20), e não ficará nenhuma lembrança de suas alegrias passadas.

E, ainda enquanto vivem, delas não gozam sem amargura, sem aborrecimento e sem temor.

Porque precisamente de onde colheram prazer lhes advém muitas vezes o castigo da dor.

E é justo que assim lhes aconteça: já que desordenadamente buscam e seguem os deleites, é bem que os não gozem sem confusão e sem amargura.

Oh! Quão breves, quão falsos, quão desordenados e torpes são todos estes prazeres!

Porém, embriagados e cegos, eles não os compreendem; e como animais sem razão, por um miserável deleite nesta vida fugaz, incorrem na morte da alma.

Tu, pois, filho meu, não sigas teus apetites, e desapega-te da tua vontade (Eclo 18,30). *Deleita-te em teu Senhor; ele te dará o que pedir o teu coração* (Sl 37,4).

5. Se queres, pois, a verdadeira alegria e abundantes consolações, despreza todas as coisas do mundo, corta pela raiz todos os seus efêmeros prazeres: e Eu te abençoarei e derramarei sobre ti copiosas consolações.

E quanto mais renunciares às consolações das criaturas, tanto mais suaves e fortes consolações encontrarás em Mim.

Mas não as conseguirás a princípio sem alguma tristeza e sem o esforço da luta.

Resistirá o hábito inveterado; porém vencê-lo-ás com outro melhor.

Murmurará a carne; mas domá-la-ás com o fervor do espírito.

A serpente antiga não deixará de te tentar e irritar; tu, porém, a afugentarás com a oração e, ocupando-te em trabalho proveitoso, fechar-lhe-ás a porta de tua alma.

Capítulo XIII
A OBEDIÊNCIA DO SÚDITO HUMILDE CONFORME O EXEMPLO DE JESUS CRISTO

1. JESUS CRISTO – Filho, quem procura subtrair-se à obediência, subtrai-se por si mesmo à graça; e quem procura bens particulares, priva-se dos comuns.

Quando alguém não se sujeita voluntariamente e de bom grado a seu superior, sinal é de que sua carne ainda não lhe obedece perfeitamente, mas recalcitra e murmura de frequente.

Aprende, pois, a submeter-te prontamente a teu superior, se desejas subjugar tua carne.

Mais depressa se vence o inimigo de fora, quando o homem não tem a guerra dentro de si mesmo.

Não há inimigo mais terrível nem mais perigoso para tua alma que tu mesmo, se não estás em paz com o espírito.

É necessário que verdadeiramente te desprezes, se queres vencer a carne e o sangue.

Mas porque ainda te amas desordenadamente, por isso receias sujeitar-te de todo à vontade dos outros.

2. Porém que muito é que tu, que és pó e nada, te sujeites ao homem por amor de Deus, quando Eu, Onipotente e Altíssimo, que tirei todas as coisas do nada, me sujeitei tão humildemente ao homem por amor de ti?

Fiz-me o mais humilde e o menor de todos, para que minha humildade te ensinasse a vencer a tua soberba.

Aprende, pó, a obedecer; aprende, barro e lodo, a humilhar-te; e a colocar-te debaixo dos pés de todos.

Aprende a quebrantar tua vontade e a fazer-te vítima da obediência.

3. Inflama-te de zelo contra ti mesmo, e não permitas que viva em ti o menor orgulho; mas faze-te tão submisso e pequeno, que todos possam andar sobre ti, e pisar-te como a lama das ruas.

De que te podes queixar, homem desprezível? Que podes responder, sórdido pecador, aos que te maltratam, tu que tantas vezes desobedeces a Deus, e muitas mereceste o inferno?

Poupou-te, porém, a minha bondade, porque tua alma é preciosa aos meus olhos: para que conhecesses meu amor e fosses sempre grato a meus benefícios, para que exercesses continuamente a verdadeira humildade e sujeição, sofrendo com paciência os desprezos.

Capítulo XIV
DEVEM-SE CONSIDERAR OS OCULTOS JUÍZOS DE DEUS, PARA QUE NÃO NOS DESVANEÇAMOS NO BEM

1. A ALMA – Sobre mim, Senhor, trovejais vossos juízos, estremecendo-se todos os meus ossos de temor e tremor, e minha alma de imenso pavor.

Assim atônito considero que *os mesmos céus não são puros aos vossos olhos. Se até nos anjos achastes maldade* (Jó 15,15; 4,18), e não os poupastes, que será de mim?

Caíram do céu as estrelas (Ap 6,13); e eu, que sou pó, que devo esperar?

Precipitaram-se no abismo homens, cujas obras pareciam dignas de louvor; e aos que se nutriam do pão dos Anjos vi deleitar-se com o manjar de animais imundos.

2. Não há, pois, santidade, Senhor, se retirais vossa mão.

Nenhuma sabedoria aproveita, se a não dirigis.

Não há fortaleza que ajude, se por Vós não for sustentada.

Nenhuma castidade está segura, se Vós a não defenderdes.

Não aproveita a guarda de si mesmo, sem vossa santa vigilância.

Deixados a nós mesmos, logo nos afundamos e perecemos; visitados, porém, por Vós, levantamo-nos e vivemos.

Mutáveis somos, mas Vós nos confirmais; somos tíbios, mas Vós nos inflamais.

3. Oh! Que humilde e baixo conceito não devo formar de mim mesmo! E em quão pouco devo estimar o pouco bem que em mim pode haver!

Ó Senhor! Como devo submeter-me profundamente aos vossos imperscrutáveis juízos, diante dos quais não acho em mim senão nada e puro nada.

Oh! Peso imenso! Ó mar sem fundo nem margens, onde nada acho de mim, senão nada em tudo!

Onde, pois, se ocultará a glória? Onde a confiança na própria virtude?

Toda esta vaidade se abisma na profundeza de vossos juízos sobre mim.

4. Que é o homem em Vossa presença? *Gloriar-se-á porventura a argila contra quem a formou?* (Is 29,16).

Como poderá enfatuar-se com louvores vãos aquele, cujo coração está verdadeiramente sujeito a Deus?

O mundo inteiro não ensoberbecerá àquele a quem a verdade conquistou; nem se deixará nunca deslumbrar dos aplausos dos homens aquele que em Deus pôs toda a sua esperança.

Porque os que falam nada são todos eles; desvanecer-se-ão com o som de suas palavras; porém *a verdade do Senhor permanecerá para todo o sempre* (Sl 117,2).

Capítulo XV
DE QUE MODO PROCEDER E FALAR NAS COISAS QUE SE DESEJAM

1. JESUS CRISTO – Filho, dize em todas as coisas: Senhor, assim se faça, se for do vosso agrado.

Senhor, se for para honra vossa, faça-se isto em vosso nome.

Senhor, se vedes que me convém e julgais que me é proveitoso, concedei-me o seu uso para honra vossa.

Mas se conheceis que me é nocivo e nada proveitoso à salvação de minha alma, desviai de mim tal desejo.

Porque nem todo desejo é inspirado pelo Espírito Santo, ainda que ao homem pareça justo e bom.

Difícil é discernir com certeza se é o bom ou mau espírito que te leva a desejar isto ou aquilo, ou ainda se te move teu próprio espírito.

Muitos que ao princípio pareciam movidos pelo bom espírito, no fim se viram enganados.

2. Por isso deves sempre desejar e pedir com temor de Deus e humildade de coração o que se apresenta como desejável: e principalmente entregar-me tudo, com plena resignação, dizendo:

Senhor, Vós sabeis o que é melhor, faça-se deste ou doutro modo, como for de vossa vontade.

Dai-me o que quiserdes, quanto quiserdes, e quando quiserdes.

Tratai-me como entenderdes, como Vos agradar, e for para vossa maior glória.

Ponde-me onde quiserdes, e em tudo disponde livremente de mim.

Estou em vossa mão, voltai-me e tornai-me a voltar em todos os sentidos.

Eis aqui o vosso servo, pronto para tudo; pois desejo, Senhor, viver para Vós e não para mim. Oxalá que o possa fazer digna e perfeitamente!

Oração para pedir a Deus a graça de cumprir sua vontade

3. Concedei-me, benigníssimo Jesus, vossa graça para que esteja comigo, comigo trabalhe e persevere comigo até o fim.

Dai-me que sempre deseje e queira o que vos é mais aceito e agradável.

A vossa vontade seja a minha e a minha siga sempre a vossa, e se conforme em tudo com ela.

Seja um só com o vosso o meu querer e não querer; de modo que não possa eu querer ou não querer senão o que Vós quereis e não quereis.

4. Dai-me, Senhor, que eu morra para tudo o que há no mundo, e que deseje ser desprezado e esquecido na terra por amor de Vós.

Dai-me que em Vós descanse acima de tudo o que posso desejar, e em Vós encontre paz o meu coração.

Vós sois a verdadeira paz do coração, seu único descanso; fora de Vós tudo é inquietação e sofrimento.

Nesta paz, isto é, em Vós, sumo e eterno Bem, *dormirei e descansarei* (Sl 4,9). Amém.

Capítulo XVI
SÓ EM DEUS SE HÁ DE BUSCAR A VERDADEIRA CONSOLAÇÃO

1. A ALMA – Tudo o que posso desejar ou pensar para minha consolação não o espero nesta vida, mas na futura.

Pois, ainda que possuísse, eu só, todos os bens do mundo e pudesse gozar de todas as delícias, é certo que não poderiam durar muito.

Assim que não poderás, minha alma, encontrar consolação plena nem alegria perfeita, senão em teu Deus, consolador dos pobres e protetor dos humildes.

Espera um pouco, ó minha alma, espera as divinas promessas, e terás no céu abundância de todos os bens.

Se com excessiva desordem buscas os bens terrenos, perderás os celestiais e eternos.

Usa dos bens temporais, e deseja os eternos.

Não podes saciar-te com nenhum bem temporal, porque não foste criada para gozá-lo.

2. Ainda que possuísses todos os bens criados, não poderias ser feliz e bem-aventurada; só em Deus, que criou todas as coisas, consiste a tua bem-aventurança e felicidade: não como a imaginam e louvam os néscios amadores do mundo; senão como a esperam os bons e fiéis discípulos de Jesus Cristo, e algumas vezes a antegozam as almas piedosas e os corações puros cuja conversação está nos céus.

Vã e breve é toda consolação humana.

A ditosa e verdadeira consolação é a que a Verdade nos faz perceber no fundo do coração.

O homem piedoso leva consigo, por onde vai, a seu Consolador, Jesus, e lhe diz: Sede comigo, Senhor, em todo o tempo e lugar.

Seja, pois, minha consolação privar-me de bom grado de toda consolação humana.

E se me faltar vossa consolação, sirva-me de consolação suprema vossa vontade e esta justa prova.

Não estareis sempre irado, nem serão eternas vossas ameaças (Sl 103,9).

Capítulo XVII
TODO O NOSSO CUIDADO SE DEVE PÔR EM DEUS SOMENTE

1. JESUS CRISTO – Filho, deixa-me fazer de ti o que me aprouver, porque sei o que te convém.

Tu pensas como homem, e julgas de muitas coisas como te persuade o afeto humano.

2. A ALMA – Senhor, verdade é o que dizeis: maior é o desvelo que por mim tomais, que todo cuidado que de mim próprio posso ter.

Bem perto está de cair quem não põe em Vós todo o seu cuidado.

Senhor, esteja minha vontade reta e firme convosco, e fazei de mim o que Vos aprouver: não pode ser senão bom tudo o que fizerdes de mim.

Se me quiserdes nas trevas, bendito sejais; e se me quiserdes na luz, sede também bendito.

Se Vos dignardes consolar-me, bendito sejais; se me quiserdes atribular, sede sempre louvado.

3. JESUS CRISTO – Filho, assim deves fazer, se queres andar comigo.

Tão pronto deves estar para o sofrimento, como para a alegria.

Para a pobreza e a necessidade, como para a abundância e a riqueza.

4. A ALMA – Senhor, de boa vontade sofrerei por vosso amor quanto quiserdes que eu padeça.

Indiferentemente quero receber da vossa mão o bem e o mal, a doçura e a amargura, a alegria e a tristeza; e por tudo o que me suceder, render-Vos ações de graças.

Guardai-me de todo pecado, e não temerei a morte nem o inferno.

Contanto que não me aparteis de Vós para sempre, nem me risqueis do livro da vida, não me fará dano qualquer tribulação que venha cair sobre mim.

Capítulo XVIII
DEVEM-SE TOLERAR COM SERENIDADE DE ÂNIMO AS MISÉRIAS DA VIDA, A EXEMPLO DE CRISTO

1. JESUS CRISTO – Filho, Eu desci do céu para salvar-te; tomei sobre Mim tuas misérias, não por necessidade mas por amor, a fim de te ensinar a ser paciente e suportar sem revolta as misérias da vida.

Desde a hora em que nasci, até ao momento em que expirei na cruz, não estive nunca sem dores que sofrer.

Vivi numa extrema indigência das coisas deste mundo; ouvi muitas vezes queixas contra Mim; sofri com brandura afrontas e ultrajes; pelos benefícios recebi ingratidões; pelos milagres, blasfêmias; pela doutrina, censuras.

2. A ALMA – Senhor, se padecestes em vossa vida, cumprindo assim, de modo perfeito, o preceito de vosso Pai, justo é que eu, miserável pecador, sofra com paciência segundo vossa vontade, para minha salvação, enquanto Vós quiserdes, o peso desta vida mortal.

Porque, ainda que seja pesada a vida presente, tornou-se, contudo, por vossa graça, muito meritória e, por vosso exemplo e pelo de vossos Santos, mais suportável e esclarecida para os fracos.

Nela se encontram muito mais consolações que outrora na antiga Lei, quando se mantinha fechada a porta do céu, e tão escuro parecia o caminho que a ele conduzia, e tão poucos os que se empenhavam em buscar o reino dos céus.

Nem mesmo os que então eram justos e se haviam de salvar podiam entrar no reino celestial, antes de vossa Paixão e a satisfação de vossa sagrada morte.

3. Oh! Quantas graças não devo dar-Vos por Vos haverdes dignado mostrar-me a mim e a todos os fiéis o caminho reto e seguro para o vosso reino eterno!

Pois a vossa vida é o nosso caminho, e pela virtude da paciência caminhamos para Vós, que sois a nossa coroa.

Não nos houvésseis precedido e ensinado, quem pensaria em seguir-Vos?

Ah! Quantos se deixariam ficar atrás e bem longe de Vós, se não tivessem diante dos olhos vossos admiráveis exemplos!

Se depois de tantas maravilhas e instruções vossas ainda somos tíbios, que seria se para seguir-Vos não tivéssemos esta grande luz?

Capítulo XIX
A TOLERÂNCIA DAS INJÚRIAS E OS SINAIS DA VERDADEIRA PACIÊNCIA

1. JESUS CRISTO – Que dizes, filho? Cessa de queixar-te, considerando minha paixão e os sofrimentos dos Santos.

Ainda não resististe até ao sangue (Hb 12,4).

Pouco é o que padeces, em comparação de outros que muito sofreram, foram tão fortemente tentados, tão pesadamente atribulados, de tantas maneiras provados e exercitados.

Traze à memória as penas tão graves por que passaram, para que mais facilmente sofras tuas pequenas contrariedades.

E se não te parecem pequenas, vê se não é isto efeito de tua impaciência.

Pequenas ou grandes, procura suportá-las todas com paciência.

2. Quanto mais te dispuseres a sofrer, tanto mais procederás com sabedoria e maior será o teu merecimento. A firme resolução e o hábito de sofrer te tornarão até mais suave o sofrimento.

Nem digas: Não posso suportar isto de tal pessoa, nem devo aturar tais insultos. Injuriou-me gravemente e acusa-me de coisas que nem ao pensamento me vieram. De outras pessoas me resignaria de bom grado a sofrer, quando julgasse devê-lo fazer.

É insensato tal pensamento; pois não considera o que é a virtude da paciência, quem há de recompensá-la; mas de preferência as pessoas que ofendem e as ofensas recebidas.

3. Não é verdadeiro sofredor quem não quer sofrer senão o que lhe parece bem e de quem lhe apraz.

Quem de fato possui a virtude da paciência não olha quem o maltrata, se seu superior, igual ou inferior: se homem bom e santo, ou perverso e indigno.

Mas, indiferente para com as criaturas, recebe com gratidão das mãos de Deus todo o mal que lhe fazem e todas as vezes que lho fazem, e considera isto grande lucro: porque não deixará Deus sem recompensa o menor mal sofrido por seu amor.

4. Aparelha-te, pois, para a luta, se queres conseguir a vitória.

Sem combate não podes alcançar o prêmio da paciência.

Se não queres padecer, não esperes ser coroado. Porém, se desejas ser coroado, peleja valorosamente, e sofre com paciência.

Sem trabalho não se chega ao descanso; sem peleja não se consegue a vitória.

5. A ALMA – Torne-se-me, Senhor, possível pela graça o que me parece impossível pela natureza.

Bem sabeis quão pouco posso padecer e depressa desfaleço à mais leve adversidade.

Fazei que eu ame e abrace para glória do vosso nome as tribulações que me afligirem; pois que é de grande proveito à minha alma sofrer e ser perseguido por amor de Vós.

Capítulo XX
A CONFISSÃO DA PRÓPRIA FRAQUEZA E AS MISÉRIAS DESTA VIDA

1. A ALMA – *Confessarei contra mim minha iniquidade* (Sl 32,5); confessar-Vos-ei, Senhor, minha fraqueza.

Muitas vezes um nada me abate e entristece.

Tomo a resolução de agir com energia, mas ao sobrevir a menor tentação caio em grande angústia.

Algumas vezes uma coisa de nada é a origem de violenta tentação.

E outras, quando me creio algum tanto seguro, por nada sentir, acho-me quase prostrado por um ligeiro sopro.

2. Lançai, pois, Senhor, os vossos olhos sobre a minha baixeza e fragilidade, que conheceis perfeitamente.

Compadecei-vos de mim, e *tirai-me do lodo, para que não me atole* (Sl 69,15) e não me arruíne inteiramente.

O que de contínuo me atormenta e confunde diante de Vós é ser eu tão fácil de cair.

E ainda que não lhes dê pleno consentimento, suas solicitações me são molestas e pesadas, e é um grande aborrecimento viver assim nesta luta quotidiana.

O que evidencia minha fraqueza é que os abomináveis pensamentos, que me acometem, com muito maior facilidade se assenhoreiam do que se afastam de mim.

3. Ó fortíssimo Deus de Israel, defensor das almas fiéis, ponde os vossos olhos nos trabalhos e dores do vosso servo, e assisti-lhe em todos os seus empreendimentos.

Animai-me com celestial fortaleza, para que não possa dominar-me nem o homem velho, nem esta carne miserável, ainda rebelde ao espírito, contra a qual importa pelejar até o último respiro neste desgraçado mundo.

Ai! Que vida esta, onde não faltam tribulações e misérias, onde tudo está cheio de laços e inimigos!

Ainda bem não acaba uma tribulação ou tentação, logo chega outra; e enquanto ainda perdura a primeira luta, outras muitas sobrevêm inesperadamente.

4. E como se pode amar uma vida cheia de tantas amarguras, sujeita a tantas calamidades e misérias?

Como se pode até chamar vida ao que gera tantas mortes e desgraças?

Contudo muitos a amam, e nela buscam a sua felicidade.

Muitas vezes nos queixamos que o mundo é enganoso e vão; mas nem por isso o deixamos facilmente, porque são muito poderosos os desejos da carne.

Umas coisas nos inclinam a amar o mundo, e outras a desprezá-lo.

Inclinam-nos a amá-lo a concupiscência da carne, a concupiscência dos olhos e a soberba da vida; porém as penas e misérias, que justamente se lhe seguem, geram o ódio e o fastio do mundo.

5. Mas, ai! Os maus prazeres levam de vencida a alma apegada ao mundo, e têm por delícia viver na escravidão dos sentidos; porque não conheceu nem experimentou nunca a suavidade de Deus, nem a beleza interior da virtude.

Pelo contrário os que desprezam perfeitamente o mundo, e trabalham por viver para Deus em santa disciplina, não ignoram as divinas doçuras prometidas à verdadeira renúncia; e veem com clareza quão perigosamente errado vai o mundo e de quantas maneiras se engana.

Capítulo XXI
EM DEUS SE HÁ DE DESCANSAR ACIMA
DE TODOS OS BENS E GRAÇAS

1. A ALMA – Ó minha alma, em tudo e acima de tudo, descansa sempre no Senhor, que é o eterno descanso dos Santos.

Dulcíssimo e amantíssimo Jesus, fazei que eu descanse em Vós acima de todas as criaturas; acima de toda a saúde e formosura; acima de toda a glória e honra; de todo o poder e dignidade; de toda a ciência e subtileza; de todas as riquezas e artes; de toda a alegria e divertimento; de toda a fama e louvor; de toda a consolação e doçura; de todas as delícias e prazeres; de todas as esperanças e promessas; de todos os merecimentos e desejos; acima de todos os dons e recompensas que podeis dar e prodigalizar; acima de todos os gozos e delícias que a alma pode imaginar e sentir; finalmente acima dos Anjos e Arcanjos e de toda a milícia celeste; acima de todo o visível e invisível; e acima de tudo o que não sois Vós, meu Deus!

2. Porque Vós, Senhor meu Deus, sois infinitamente bom, Vós só altíssimo; Vós só poderosíssimo; Vós só suficientíssimo e pleníssimo; Vós só fonte de toda a doçura e consolação. Vós só formosíssimo e amantíssimo; Vós só nobilíssimo e gloriosíssimo sobre todas as coisas, em quem

todos os bens estão, estiveram e estarão eternamente juntos em suma perfeição.

Assim é pouco e insuficiente tudo o que fora de Vós me dais, ou de Vós mesmo me revelais ou prometeis, se não Vos vejo nem possuo plenamente.

Porque não pode o meu coração descansar nem dar-se por cabalmente satisfeito, senão elevando-se acima de todos os vossos dons e de todas as criaturas, a fim de repousar unicamente em Vós.

3. Ó meu diletíssimo esposo Jesus Cristo, que tão puramente me amais, Senhor de todas as criaturas, *quem me dera asas* de verdadeira liberdade para voar e descansar em Vós! (Sl 55,7).

Oh! Quando me será dado desapegar-me de tudo, para ver quão suave sois, Deus e Senhor meu!

Quando estarei de tal modo absorto em Vós, de tal modo penetrado de vosso amor, que não sinta mais a mim mesmo, mas só a Vós, acima de todos os sentidos, num modo que nem todos conhecem?

Agora passo eu a vida nos gemidos, e levo com dor o peso da minha miséria!

Porque, neste vale de lágrimas, são muitos os males que me perturbam, me entristecem e anuviam a alma; muitas vezes me embaraçam e distraem, me atraem e enredam, impedindo-me o livre acesso junto de Vós e privando-me da doçura dos amplexos de que gozam sempre os espíritos bem-aventurados.

Deixai-vos enternecer pelos meus suspiros e por tantas aflições que há na terra.

4. Ó Jesus, esplendor da eterna glória, consolação da alma neste desterro, minha boca está muda diante de Vós, e meu silêncio Vos fala.

Até quando tardará o meu Senhor?

Venha a mim, seu pobrezinho, e me alegre. Estenda a sua mão e livre um miserável de todas as suas aflições.

Vinde, vinde. Sem Vós não posso ter dia nem hora alegre; porque sois minha alegria, e sem Vós está deserta a minha mesa.

Miserável sou, e como preso e carregado de ferros, enquanto reanimando-me com a luz de vossa presença, não me restituís à liberdade e não me mostrais o semblante amigo.

5. Busquem outros em lugar de Vós o que quiserem, que a mim nenhuma outra coisa me agrada, nem agradará nunca, senão Vós, Deus meu, esperança minha e minha eterna salvação.

Não me calarei e não deixarei de implorar até que volte a vossa graça, e Vós me faleis no meu interior.

6. JESUS CRISTO – *Aqui me tens* (Is 58,9). E venho a ti porque me invocaste. Tuas lágrimas e os desejos de tua alma, a humildade e a contrição de teu coração me inclinaram e trouxeram a ti.

7. A ALMA – E disse: Senhor, chamei-vos e desejei gozar-vos, na resolução de desprezar tudo por amor de Vós.

E fostes Vós que primeiro me excitastes a buscar-Vos.

Sede, pois, bendito, Senhor, *por haverdes usado com vosso servo de tamanha bondade* (Sl 118,65), segundo vossa infinita misericórdia.

Que mais pode dizer vosso servo diante de Vós, senão humilhar-se profundamente em vossa presença, sem perder nunca a lembrança de sua maldade e vileza?

Entre todas as maravilhas do céu e da terra, nada há que Vos seja semelhante.

As vossas obras são perfeitíssimas, retos os vossos juízos, e o universo se governa por vossa providência.

Louvor, pois, e glória a Vós, sabedoria do Pai! A minha alma, a minha língua, e todas as criaturas, juntas, Vos louvem e bendigam.

Capítulo XXII
A LEMBRANÇA DOS INUMERÁVEIS BENEFÍCIOS DE DEUS

1. A ALMA – Abri, Senhor, meu coração à vossa lei; e ensinai-me a andar no caminho de vossos mandamentos.

Concedei-me que eu conheça vossa vontade, e com grande reverência e diligente consideração tenha na lembrança vossos benefícios, assim gerais como particulares, para que possa daqui em diante dar-Vos por eles as devidas graças.

Bem sei e confesso que nem de longe sou capaz de Vos louvar e Vos agradecer condignamente. Sou inferior a todos os bens que me foram concedidos, e quando considero vossa majestade, desfalece-me a alma diante de tanta grandeza.

2. Tudo o que possuímos na alma e no corpo, todos os bens internos e externos, naturais e sobrenaturais, são benefícios vossos, e proclamam a munificência, a misericórdia e a bondade daquele de quem recebemos todos os bens.

E ainda que uns recebam mais benefícios e outros menos, todos são vossos, e sem Vós ninguém pode alcançar o menor bem.

Aquele que recebeu maiores bens não pode gloriar-se de que os mereceu, nem elevar-se acima dos demais, nem insultar o que recebeu menos; porque o maior e melhor é aquele que menos presume de si, e agradece com mais fervor e humildade.

E aquele que se tem por mais vil e indigno de todos, esse está mais disposto para receber maiores dons.

3. O que, porém, recebeu menos favores, não se deve entristecer, nem queixar-se, mas pôr os olhos em Vós e louvar de todo o coração a vossa bondade, que tão copiosa, gratuita e liberalmente reparte vossos dons, sem acepção de pessoas.

Tudo vem de Vós, e por isso em tudo deveis ser louvado.

Vós sabeis o que convém dar a cada um; e a Vós e não a nós é que compete discernir por que um é mais favorecido e outro menos; porque diante de Vós estão definidos os merecimentos de cada um dos homens.

4. Por isso, meu Deus e Senhor, considero também singular benefício não ter eu aquela abundância de graças, que brilhando exteriormente atraem os louvores e a admiração dos homens.

Assim, considerando a própria penúria e vileza, longe de conceber desgosto e tristeza ou desalento, deve cada um sentir consolação e grande alegria.

Porque Vós, Deus meu, escolhestes para vossos familiares e servos os pobres, os humildes e os desprezados deste mundo.

Disto são testemunhas os vossos próprios Apóstolos a quem constituístes príncipes sobre toda a terra.

Viveram eles entre os homens sem se queixarem, tão humildes e simples, tão isentos de malícia e engano, que se regozijavam de padecer afrontas pela glória de vosso nome, e abraçavam com grande amor tudo o que o mundo aborrece.

5. Por isso nenhuma coisa deve causar tanta alegria a quem Vos ama e sabe apreciar vossos benefícios, como o cumprimento de vossa vontade e de vossos eternos desígnios a seu respeito.

Do que deve receber tal prazer e consolação, que de boa vontade consinta em ser o mínimo, do mesmo modo que outro desejaria ser o maior, e se conserve tão pacífico e contente no último lugar como no primeiro; e tão de boa vontade queira ver-se desprezível e abjeto, sem nome nem fama, como querem outros ser os maiores do mundo e os mais honrados.

A vossa vontade e o amor de vossa glória devem elevar-se no seu espírito acima de tudo, e isto deve consolá-lo e contentá-lo ainda mais que todos os benefícios que lhe fizestes ou lhe podeis ainda fazer.

Capítulo XXIII
QUATRO ELEMENTOS QUE TRAZEM GRANDE PAZ

1. JESUS CRISTO – Filho, vou agora ensinar-te o caminho da paz e da verdadeira liberdade.

2. A ALMA – Fazei, Senhor, o que dizeis; porque me é grato ouvi-lo.

3. JESUS CRISTO – Procura, filho, fazer antes a vontade de outrem que a tua.

Escolhe sempre ter menos que mais.

Busca sempre o último lugar, e ser inferior a todos.

Deseja sempre e pede que se cumpra em ti inteiramente a vontade de Deus.

Quem assim procede está no caminho da paz e do repouso.

4. A ALMA – Senhor, essas poucas palavras vossas encerram grande perfeição.

Palavras poucas, porém, cheias de sentido e fecundas em fruto.

Se eu fosse fiel em as guardar, não me deixaria perturbar com tanta facilidade.

Porque todas as vezes que me sinto inquieto e oprimido, reconheço que me apartei dessas máximas.

Mas, Vós que podeis tudo e desejais sempre o proveito das almas, aumentai em mim a graça, para que eu possa pôr em prática as vossas palavras e alcançar a minha salvação.

Oração contra os maus pensamentos

5. Senhor meu Deus, *não vos aparteis de mim, vinde em meu socorro* (Sl 71,12), porque me assaltaram pensamentos vários, e grandes temores agitam minha alma.

Como passarei ileso? Como poderei vencê-los?

6. *Eu irei à tua frente*, dizeis Vós, *e humilharei os poderosos da terra* (Is 45,2). Abrirei as portas do cárcere, e revelar-te-ei os mais recônditos mistérios.

7. Fazei, Senhor, segundo vossa palavra; e fujam à vossa presença todos os maus pensamentos.

Toda a minha esperança, e a minha consolação única nos males que me oprimem, é acolher-me a Vós, confiar em Vós, invocar-Vos de todo o meu coração e esperar com paciência o vosso auxílio.

Oração para pedir a luz do entendimento

8. Esclarecei-me, ó bom Jesus, com a claridade da luz interior, e dissipai todas as trevas da morada de meu coração. Reprimi as minhas muitas distrações e quebrai a violência das tentações, que me combatem.

Pelejai fortemente por mim, e afugentai essas feras malignas, quero dizer esses apetites que nos lisonjeiam, a fim de que *haja paz pela vossa força* (Sl 122,7), e ressoem sem cessar os vossos louvores no templo santo, que é a consciência pura.

Mandai aos ventos e às tempestades; dizei ao mar: Acalma-te! E ao aquilão: Não sopres! E haverá grande bonança.

9. *Enviai vossa luz e vossa verdade* (Sl 43,3), para que resplandeçam na terra; porque sou uma terra estéril e vazia, enquanto me não iluminais.

Derramai do alto a vossa graça; regai meu coração com orvalho celestial, fazei chover sobre esta terra árida as águas da devoção, para que produza frutos bons e sazonados.

Levantai-me o ânimo oprimido com o peso dos pecados; transportai todos os meus desejos ao céu; para que, prelibando a doçura dos bens eternos, não possa sem desgosto pensar nas coisas da terra.

10. Arrebatai-me, desprendei-me das fugitivas consolações das criaturas; porque nenhuma coisa criada pode aquietar e satisfazer plenamente os meus desejos.

Uni-me a Vós pelo vínculo indissolúvel do amor; porque só Vós bastais a quem Vos ama, e sem Vós, tudo é frivolidade.

Capítulo XXIV
DEVE-SE EVITAR A CURIOSIDADE DE SABER DA VIDA ALHEIA

1. JESUS CRISTO – Filho, não sejas curioso, nem te embaraces com cuidados inúteis.

Que tens que ver com isto ou aquilo? Segue-me (Jo 21,22).

Que te importa se aquele é assim ou assim, ou se este vive ou fala deste ou daquele modo?

Não tens que responder pelos outros, mas de ti hás de dar conta. Por que, pois, te ocupas nisso?

Eu conheço todos os homens; vejo quanto se passa debaixo do sol, e sei o que se passa com cada um, o que pensa, o que quer, e a que fim dirige sua intenção.

Por isso, a Mim se devem encomendar todas as coisas; tu, porém, conserva-te em santa paz e deixa ao inquieto agitar-se quanto quiser.

Sobre ele recairá quanto fizer ou disser, porque a Mim não pode enganar.

2. Não corras após essa sombra, a que chamam um grande nome; não desejes nem a familiaridade de muitos, nem o afeto particular de pessoa alguma.

Tudo isto dissipa o espírito e obscurece consideravelmente o coração.

Eu não duvidaria falar-te e descobrir-te os meus segredos, se esperasses atentamente a minha visita e me abrisses a porta do teu coração.

Sê previdente, vigia na oração, e humilha-te em todas as coisas.

Capítulo XXV
EM QUE CONSISTE A VERDADEIRA PAZ DO CORAÇÃO E O VERDADEIRO APROVEITAMENTO DA ALMA

1. JESUS CRISTO – Filho, Eu disse: *Deixo-vos a paz, dou-vos a minha paz; não vo-la dou como a dá o mundo* (Jo 14,27).

Todos desejam a paz; mas nem todos buscam o que importa à verdadeira paz.

A minha paz é para os humildes e mansos de coração. Tu acharás a paz na muita paciência.

Se me ouvires e seguires a minha voz, gozarás de muita paz.

2. A ALMA – Que farei, pois, Senhor?

3. JESUS CRISTO – Em todas as coisas examina bem o que fazes e o que dizes. Põe todo teu cuidado em agradar a Mim só, sem desejar nem buscar coisa alguma fora de Mim.

Nem julgues temerariamente das palavras ou ações alheias, nem te intrometas no que não está confiado a teu cuidado: com isto acontecerá que pouco ou raras vezes serás turbado.

Porque não sentir nunca alguma turbação, nem sofrer alguma dor na alma ou no corpo, não é da vida presente, mas do estado da eterna bem-aventurança.

Não penses, pois, haver encontrado a verdadeira paz, por não sentires aflição alguma; nem que tudo te vai bem porque não tens nenhum desafeto; nem que tua vida é perfeita, porque tudo sucede à medida dos teus desejos.

Guarda-te também de te haver em grande conta, ou de pensar que Deus te ama particularmente, quando sentes em ti grande ternura e devoção; não são estes os sinais por onde se conhece o verdadeiro amante da virtude, nem nisto consiste o aproveitamento e a perfeição do homem.

4. A ALMA – Pois em que consiste, Senhor?

5. JESUS CRISTO – Em te ofereceres de todo o teu coração à divina vontade; em te não buscares a ti mesmo em coisa alguma, nem pequena nem grande, nem temporal nem eterna; de sorte que com o mesmo semblante permaneças em ação de graças, na prosperidade e na adversidade, pesando tudo com igual balança.

Se fores tão forte e constante na esperança, que, privado interiormente de toda a consolação, prepares ainda teu coração para maiores provações, sem te justificar, como se não merecesses sofrer tanto; mas reconhecendo, pelo contrário, minha justiça e louvando minha santidade em todas as minhas disposições.

Então andas no reto e verdadeiro caminho da paz e poderás ter esperança certa de contemplar novamente minha face na alegria.

E se chegares ao perfeito desprezo de ti mesmo, sabe que então gozarás da abundância de paz que é possível fruir neste desterro.

Capítulo XXVI
EXCELÊNCIA DA LIBERDADE DE ESPÍRITO, QUE MAIS SE MERECE PELA ORAÇÃO HUMILDE QUE PELO ESTUDO

1. A ALMA – Senhor, é próprio do varão perfeito não desviar nunca o ânimo das coisas do céu, e passar pelas muitas ocupações da vida como se não tivera cuidado algum, não por indolência, mas pelo privilégio de uma alma livre, que não se apega com desordenado afeto a criatura alguma.

2. Peço-vos, piedosíssimo Deus meu, que me preserveis dos cuidados desta vida, para que não me embarace neles com demasia; das muitas necessidades corporais, para que não me domine a sensualidade; de todos os obstáculos da alma, para que os dissabores me não quebrantem e abatam.

Já não falo das coisas que a vaidade mundana busca com tanto empenho; mas dessas misérias, que, em consequência da maldição comum a todos os mortais, penosamente agravam a alma de vosso servo e impedem de atingir quanto quisera, da liberdade do espírito.

3. Ó meu Deus, doçura inefável! Convertei-me em amargura toda consolação da carne, que me aparta do amor dos bens eternos, e me fascina torpemente com a vista de algum bem temporal e sensível.

Não me vençam, Deus meu, não me vençam a carne e o sangue; não me engane o mundo com a sua glória passageira; não me prostre o demônio com sua astúcia.

Dai-me força para resistir, paciência para sofrer, constância para perseverar.

Dai-me, em lugar de todas as consolações do mundo, a suavíssima unção de vosso espírito; e em lugar do amor carnal, infundi-me o amor de vosso nome.

4. O comer, o beber, o vestir e todas as demais coisas necessárias para sustento do corpo são de peso para a alma fervorosa.

Concedei-me usar dessas comodidades com moderação, e não as desejar com demasiado ardor.

Não é lícito rejeitar todas estas coisas, porque é necessário à natureza; porém vossa lei santa proíbe buscar o supérfluo e o que mais deleita; porque de outro modo a carne se rebelaria contra o espírito.

Vossa mão, Senhor, me guie e governe entre tantas dificuldades, para não cair em algum excesso.

Capítulo XXVII
O AMOR-PRÓPRIO É O MAIOR OBSTÁCULO
PARA CHEGAR AO SUMO BEM

1. JESUS CRISTO — Filho, para possuir tudo é necessário que dês tudo e que nada em ti seja teu.

Sabe que teu amor próprio te é mais nocivo que nenhuma coisa no mundo.

Segundo o amor e o afeto que te animam estarás mais ou menos ligado às coisas.

Se teu amor for puro, simples e bem ordenado, não serás escravo de nenhuma.

Não cobices o que te não é permitido possuir, renuncia ao que ocupa demasiadamente tua alma e lhe tira a liberdade interior.

É bem estranho que não te entregues a Mim do íntimo do coração, com tudo o que podes ter ou desejar ou possuir.

2. Por que te consomes com vãs tristezas? Por que te cansas com cuidados supérfluos?

Conserva-te submisso à minha vontade, e não padecerás dano algum.

Se buscares isto ou aquilo, e quiseres estar aqui ou aí para tua comodidade e satisfação da própria vontade, nunca ficarás tranquilo, nem livre de cuidados; porque em todas as coisas encontrarás defeito, e em todo o lugar contradições.

3. De nada vale, pois, possuir ou acumular bens exteriores; o que importa é desprezá-los e extirpá-los do coração.

E não entendas isto somente do dinheiro e das riquezas; senão também da ambição das honras, e do desejo dos vãos louvores, coisas todas que passam com o mundo.

Nenhum lugar é refúgio seguro, quando falta o espírito de fervor; nem durará muito a paz que se procura exteriormente, se lhe falta o verdadeiro fundamento da disposição interior, isto é, se não te firmares em Mim. Poderás mudar-te, mas não melhorar.

Porque, arrastado pela ocasião que se te oferece, acharás o que quiseste evitar e pior ainda.

Oração para pedir a Deus a pureza do coração e a sabedoria celeste

4. Sustentai-me, Senhor, pela graça do Espírito Santo.

Fortificai em mim o homem interior, libertai o meu coração de todos os cuidados vãos que o atormentam, e não permitais que se deixe arrastar pelo desejo de coisa alguma, vil ou preciosa; mas as olhe todas como transitórias, e a mim mesmo como devendo passar com elas.

Porque nada há estável debaixo do sol, onde tudo é vaidade e aflição de espírito. (Ecl 1,14)

Oh! Quão sábio é quem assim pensa!

5. Dai-me, Senhor, a sabedoria celeste, para que aprenda a buscar-Vos e achar-Vos, a gostar-Vos e amar-Vos, acima de tudo, e a ver as demais coisas como são, segundo a ordem de vossa sabedoria.

Dai-me prudência para desviar-me do lisonjeiro, e paciência para sofrer o que me contraria.

Porque é grande sabedoria não mover-se a todo sopro de palavras nem prestar ouvidos às pérfidas blandícies das sereias. Deste modo se prossegue com segurança o caminho começado.

Capítulo XXVIII
CONTRA A LÍNGUA DOS MALDIZENTES

1. JESUS CRISTO – Filho, não leves a mal se alguém tiver má opinião de ti e disser o que não quiseres ouvir.

Pior ainda te deves julgar e crer que ninguém é inferior a ti.

Se andares recolhido dentro em ti, não darás atenção às palavras que o vento leva.

Não é pouca prudência saber calar no tempo adverso, e voltar-se interiormente para Mim, sem se perturbar com os juízos dos homens.

2. Não dependa a tua paz da boca dos homens; se pensarem de ti bem ou mal, não serás por isso homem diferente.

Onde está a verdadeira paz e a glória verdadeira? Não é porventura em Mim?

O que não deseja agradar aos homens, nem teme desagradar-lhes, esse gozará de muita paz.

De amor desordenado e do vão temor nasce todo o desassossego do coração e a distração dos sentidos.

Capítulo XXIX
COMO DEVEMOS INVOCAR A DEUS E BENDIZÊ-LO NA HORA DA TRIBULAÇÃO

1. A ALMA – Seja vosso nome para sempre bendito, Senhor, pois quisestes que me sobreviesse esta prova e tribulação.

Não posso evitá-la, mas tenho necessidade de recorrer a Vós, para que me auxilieis e a convertais em proveito meu.

Senhor, sinto-me atribulado, não está bem o meu coração; muito me atormenta a presente provação.

Que Vos direi agora, ó Pai amantíssimo! Rodeado estou de angústias. *Livrai-me desta hora. Cheguei a este transe* (Jo 12,27), para que sejais glorificado quando eu estiver muito humilhado e for por Vós livrado.

Dignai-Vos, Senhor, socorrer-me (Sl 40,14): porque, pobre criatura, que posso eu fazer, e para onde irei sem Vós?

Dai-me paciência, Senhor, ainda por esta vez. Ajudai-me, Deus meu, e não temerei, por mais pesada que seja a tribulação.

2. Que posso eu dizer-Vos neste estado? Senhor, faça-se a vossa vontade. Bem mereci as angústias e tribulações em que me vejo.

É preciso que eu as sofra; e oxalá seja com paciência, até que passe a tempestade e volte a bonança.

Poderosa, entretanto, é vossa mão onipotente para afastar de mim esta tentação e moderar sua violência, para que não sucumba de todo; como tantas vezes já fizestes comigo, Deus meu, misericórdia minha.

E quanto mais dificultosa para mim, tanto mais fácil é para Vós *esta mudança de destra do Altíssimo* (Sl 77,11).

Capítulo XXX
NECESSIDADE DE PEDIR O AUXÍLIO DIVINO E A CONFIANÇA DE RECOBRAR A GRAÇA

1. JESUS CRISTO – Filho, Eu sou o Senhor *que conforta no dia da tribulação* (Na 1,7).

Vem a Mim, quando te achares aflito.

O que mais impede a consolação celeste é o recorreres tarde à oração.

Porque antes de me suplicares com todo o coração procuras ainda consolações e alívios externos.

Daqui vem que tudo te aproveita pouco, até que reconheças que sou Eu que salvo os que esperam em Mim e que, fora de Mim, não há auxílio eficaz, nem conselho proveitoso, nem remédio durável.

Mas agora que recobraste alento depois da tempestade, reanima-te à luz de minhas misericórdias; porque perto estou de ti, diz o Senhor, para tudo restaurar integralmente, e ainda com abundância e profusão.

2. Há porventura coisa difícil para Mim? Ou serei igual ao que diz e não faz?

Onde está a tua fé? Tem firmeza e perseverança.

Sê forte e magnânimo, e a seu tempo virá a consolação.

Espera-me, espera: Eu virei e te curarei.

É tentação o que te acabrunha, e vão temor o que te amedronta.

De que serve a preocupação de futuros incertos, senão para acrescentar tristezas a tristezas? *A cada dia basta o seu mal* (Mt 6,34).

É vão e inútil inquietar-se ou alegrar-se com coisas futuras que talvez nunca se realizem.

3. Porém é humano deixar-se iludir por semelhantes imaginações; e sinal de pouco ânimo ceder tão facilmente às sugestões do inimigo.

Pouco lhe importa ao demônio se nos engana e ilude com objetos reais ou imagens falsas, e se nos faz cair com o amor dos bens presentes ou o temor dos males futuros.

Não se perturbe, pois, nem tema teu coração (Jo 14,27); crê em Mim e tem confiança em minha misericórdia.

Quando pensas que estás longe de Mim, é quando muitas vezes estou mais perto de ti.

Quando te parece que está quase tudo perdido, então muitas vezes é tempo de adquirires maiores merecimentos.

Nem tudo está perdido, quando te acontece o contrário do que esperavas.

Não deves julgar pela impressão do momento: nem entregar-te à aflição, venha de onde vier, e aceitá-la como se não houvesse esperança de remédio.

4. Não te julgues inteiramente desamparado do meu socorro, ainda que te envie alguma tribulação passageira, ou te prive da consolação desejada; porque é este o caminho por onde se vai ao reino dos céus.

E sem dúvida te convém mais a ti, e aos demais servos meus, ser exercitado pelas adversidades, do que ter tudo à medida dos vossos desejos.

Eu conheço os pensamentos ocultos; muito convém à tua salvação que de quando em quando te deixe sem consolação espiritual, para que te não ensoberbeças nos sucessos prósperos, e queiras comprazer-te em ti mesmo pelo que não és.

O que dei posso tirar e tornar a dar quando me aprouver.

5. O que dou é sempre meu; quando to tirar, não tomo o que é teu; porque de mim procede toda dádiva boa, e *todo o dom perfeito* (Tg 1,17).

Se te enviar alguma pena ou qualquer contrariedade, não te irrites nem desfaleça teu coração: posso aliviar-te num instante, e mudar em alegria todo o peso que te oprime.

E quando assim procedo contigo, sou justo e mui digno de ser louvado.

6. Se julgas com sabedoria e consideras a verdade, não te deves deixar abater pela tristeza ante as contrariedades, mas antes alegrar-te e agradecer-me: e até deves ter por única alegria que te aflija com dores, sem poupar-te.

Assim como meu Pai me amou, também Eu vos amei a vós (Jo 15,9), disse Eu a meus amados discípulos, que certamente não enviei para alegrias do mundo, mas para grandes batalhas; não às honras, mas às ignomínias; não à ociosidade, mas ao trabalho; não para descansar, mas sim para produzirem abundantes frutos na paciência. Lembra-te, filho meu, destas palavras.

Capítulo XXXI
O DESPREZO DE TODAS AS CRIATURAS, PARA SE PODER ENCONTRAR O CRIADOR

1. A ALMA – Senhor, necessário me é ainda maior graça, para chegar ao ponto em que ninguém nem criatura nenhuma me possa estorvar.

Porque, enquanto alguma coisa me prender, não poderei livremente voar a Vós.

Livremente desejava voar aquele que dizia: *Quem me dera asas como as da pomba, para voar e descansar* (Sl 55,7).

Que há mais sereno que o coração Simples? E quem mais livre que o que nada deseja na terra?

É necessário, pois, elevar-se acima das criaturas e desapegar-se totalmente de si mesmo, para que, assim arrebatado em espírito, compreenda que Vós sois o Criador de todas as coisas, e que nenhuma semelhança tendes com as criaturas.

Quem se não desprender assim das criaturas não poderá atender livremente às coisas de Deus.

A causa por que hoje há tão poucas pessoas contemplativas é que são raros os que sabem desapegar-se inteiramente das criaturas e dos bens transitórios.

2. Para isto requer-se uma graça poderosa, que levante a alma e a transporte acima de si mesma.

Enquanto não for o homem assim levantado em espírito, desapegado de toda criatura e perfeitamente unido a Deus, de pouca valia é quanto sabe e quanto possui.

Quem tiver em grande conta qualquer coisa fora do único, imenso e eterno bem, permanecerá longo tempo mesquinho e preso à terra.

Tudo o que não é Deus é nada e por nada se deve contar.

Há grande diferença entre a sabedoria do varão iluminado e devoto, e a ciência do clérigo letrado e estudioso.

Muito mais nobre é a doutrina que vem do alto, por influência da graça, que a que se adquire laboriosamente pelo esforço humano.

3. Muitos há que aspiram à contemplação, mas não se exercitam no que é necessário para alcançá-la.

O grande obstáculo é deter-se nas coisas exteriores e sensíveis, tratando pouco da mortificação perfeita.

Não sei o que é, nem por que espírito nos deixamos levar, nós que pretendemos passar por espirituais, quando empregamos tanto trabalho e cuidado nas coisas vis e transitórias, e apenas ou quase nunca nos recolhemos de todo a considerar nossa vida interior.

4. Grande tristeza! Apenas nos recolhemos algum tempo e logo nos atiramos às coisas exteriores, sem fazermos um rigoroso exame sobre as nossas obras!

Não consideramos até onde descem nossos afetos, nem choramos vendo que em nós tudo é impuro.

Toda a carne tinha corrompido o seu caminho (Gn 6,12): eis por que sobreveio o grande dilúvio.

Quando, pois, os nossos afetos interiores estiverem muito corrompidos, corrompe-se necessariamente a ação que deles procede, sinal da falta de vigor espiritual.

Os frutos da vida boa não brotam senão de um coração puro.

5. Pergunta-se de um homem o que fez ele; mas não se indaga com tanto cuidado com quanta virtude o faz.

Investiga-se se é valente, rico, formoso, hábil, se é bom escritor, se canta bem, se é bom trabalhador; poucos indagam quanto é pobre de espírito, paciente e manso, piedoso e recolhido.

A natureza não considera senão o exterior do homem; a graça, porém, penetra no seu interior. Aquela muitas vezes se engana; esta espera em Deus para não ser enganada.

Capítulo XXXII
A ABNEGAÇÃO DE SI MESMO E A RENÚNCIA
A TODA AMBIÇÃO

1. JESUS CRISTO – Filho, não podes gozar de perfeita liberdade, sem que renuncies a ti mesmo.

Vivem em escravidão todos os que se apegam aos haveres e amam a si mesmos. Andam inquietos, ávidos, curiosos, buscando sempre o que lisonjeia os sentidos, não o que é de Jesus Cristo; imaginando e arquitetando planos que não subsistem.

Tudo o que não vem de Deus perecerá.

Imprime em tua alma esta breve, mas perfeitíssima máxima: Deixa tudo, e acharás tudo. Renuncia a teus apetites, e terás sossego.

Medita bem este preceito e, quando o tiveres cumprido, saberás tudo.

2. A ALMA – Senhor, não é isto trabalho de um dia, nem brinquedo de criança; neste breve ditame se encerra toda a perfeição da vida religiosa.

3. JESUS CRISTO – Filho, não deves recuar, nem logo esmorecer, quando te proponho o caminho dos perfeitos; mas antes excitar-te para atingir esse estado sublime, ou pelo menos aspirar a ele com todos os teus desejos.

Quem dera assim fosse contigo! Se tivesses chegado a tanto que não te amasses a ti mesmo, submisso inteiramente à minha vontade e à de quem te dei por superior! Então me agradarias sobremaneira, e tua vida toda passaria alegre e sossegada.

Ainda tens muito que deixar: e se por Mim a tudo não renunciares inteiramente, não alcançarás o que pedes.

Para que sejas rico, aconselho-te que me compres ouro acrisolado no fogo (Ap 3,18), quero dizer a sabedoria celeste que calca aos pés o que é da terra.

Dá-lhe preferência à sabedoria do mundo e a toda complacência nos homens ou em ti mesmo.

4. Já te disse que as coisas mais vis aos olhos dos homens se devem comprar com as preciosas e altas.

Pois que a verdadeira sabedoria celeste parece assaz vil e pequena e quase de todo esquecida; não presume de si grandes coisas nem procura ser exaltada na terra: muitos a pregam com a boca, mas a combatem com a vida: contudo ela é pérola preciosa, para muitos escondida.

Capítulo XXXIII
A INSTABILIDADE DO CORAÇÃO E A INTENÇÃO PARA DEUS, NOSSO ÚLTIMO FIM

1. JESUS CRISTO – Filho, não te fies de tua disposição presente: a de agora daqui a pouco se mudará em outra.

Enquanto viveres, estarás sujeito a mudanças, ainda que não queiras: achar-te-ás ora alegre, ora triste; umas vezes sossegado, outras inquieto; hoje fervoroso, amanhã tíbio; já diligente, já desleixado; agora sisudo, logo leviano.

Mas o homem sábio e instruído nos caminhos espirituais paira acima destas vicissitudes. Não atende ao que experimenta dentro em si, nem de que parte sopra o vento da inconstância; mas põe toda a sua atenção em atingir o desejado fim a que deve encaminhar-se.

Assim poderá permanecer inalterável e sempre o mesmo, fixando constantemente em Mim, em meio aos mais variados acontecimentos, a mira de sua pura intenção.

2. Quanto mais puro o olhar da alma, tanto maior a firmeza nas procelas.

Mas em muitos se obscurecem os olhos da pura intenção, porque se voltam facilmente para qualquer objeto que agrada os sentidos.

É raro achar alguém inteiramente isento da pecha de procurar a si mesmo.

Deste modo vieram noutro tempo os judeus à casa de Marta e Maria, em Betânia, *não por Jesus unicamente, senão para ver a Lázaro* (Jo 12,9).

É necessário, pois, purificar a intenção, para que seja pura e reta, e se enderece só a Mim, sem se deter no que está de permeio.

Capítulo XXXIV
COMO É DELICIOSO O AMOR DE DEUS EM TUDO E ACIMA DE TUDO

1. A ALMA – Eis meu Deus e meu tudo! Que mais quero? E que felicidade maior posso desejar?

Ó saborosa e doce palavra! Mas para quem ama a Jesus e não o mundo nem o que no mundo há!

Meu Deus e meu tudo!

Esta palavra é bastante para quem a entende, e para quem ama, repeti-la muitas vezes é uma delícia.

Porque, estando Vós presente, tudo é agradável; estando ausente, tudo enfastia.

Vós dais ao coração sossego, doce paz, alegria festiva.

Vós fazeis que, tudo apreciando, em tudo Vos louve. Sem Vós, coisa nenhuma pode agradar por muito tempo; e nada tem encanto nem sabor sem a vossa graça e a unção da vossa sabedoria.

2. Que coisa não saberá bem àquele que sente o vosso sabor? E que coisa poderá agradar àquele que em Vós não acha prazer?

Os sábios do mundo e os que somente apreciam os prazeres da carne, confundem-se ante vossa sabedoria: porque em uns se encontra um imenso vazio e em outros, a morte.

Porém os que, por Vos seguir, desprezam o mundo e mortificam a carne mostram-se verdadeiramente sábios: porque passam da vaidade à verdade, da carne ao espírito.

A estes Deus lhes sabe, e referem à glória do Criador tudo o que de bom encontram nas criaturas.

Porém diferente e mui diferente é o sabor do Criador e o da criatura, da eternidade e do tempo, o da luz incriada e o da que dela é um reflexo.

3. Ó luz eterna, infinitamente superior a toda luz criada, enviai das alturas uma viva chama que penetre até ao mais íntimo do meu coração.

Purificai, dilatai, esclarecei e vivificai minha alma e todas as suas potências, para que se una convosco em transportes de alegria.

Oh! Quando virá essa ditosa e desejada hora, em que me haveis de saciar com a vossa presença e ser para mim tudo em todas as coisas!

Enquanto isto não me for dado, não terei alegria perfeita.

Mas, sim! Ainda vive em mim o homem velho; não está ainda de todo crucificado, nem inteiramente morto.

Ainda sua concupiscência se revolta ferozmente contra o espírito; suscita guerras intestinas, e não deixa reinar em paz minha alma.

4. *Mas vós, que dominais o poder dos mares e amansais o ímpeto de suas ondas* (Sl 89,10), levantai-vos e vinde em meu socorro.

Dispersai as nações que querem a guerra (Sl 68,31), esmagai-as com a vossa força.

Manifestai, eu Vo-lo peço, as vossas maravilhas, e glorificai vossa destra: porque não tenho outra esperança nem outro refúgio senão Vós, Senhor e Deus meu!

Capítulo XXXV
NESTA VIDA NINGUÉM ESTÁ LIVRE DE TENTAÇÕES

1. JESUS CRISTO – Filho, nunca estás seguro nesta vida; mas enquanto viveres, sempre te serão necessárias as armas espirituais.

Andas cercado de inimigos que te acometem à direita e à esquerda.

Se, pois, não te cobrires por todos os lados com o escudo da paciência, não estarás por muito tempo sem feridas.

Se, além disso, teu coração não se fixar irrevogavelmente em Mim, com a firme vontade de tudo sofrer por meu amor, não poderás sustentar tão renhida batalha nem alcançar a palma dos bem-aventurados.

Convém, pois, atravessar varonilmente todos os obstáculos, e usar mão forte contra tudo o que se te opuser.

Porque o maná é concedido ao vencedor, e ao covarde muita miséria o aguarda.

2. Se buscas descanso nesta vida, como chegarás depois ao descanso eterno?

Não te disponhas para muito descanso, mas para muita paciência.

Procura a verdadeira paz, não na terra senão no céu; não nos homens, nem nas demais criaturas, senão em Deus só.

Pelo amor de Deus, deves sofrer tudo de bom grado: trabalhos, dores, tentações, vexames, angústias, necessidades, doenças, injúrias, maledicências, repreensões, humilhações, confusões, correções e desprezos.

Estas coisas robustecem a virtude; põem à prova o novo soldado de Cristo e lhe entretecem a coroa celestial.

Eu darei eterno galardão por breve trabalho, e glória infinita por humilhação passageira.

3. Cuidas que hás de ter sempre consolações espirituais à medida do teu desejo?

Os meus Santos, nem sempre as tiveram, senão muitos trabalhos, múltiplas tentações e grandes angústias.

Porém eles sofreram tudo com paciência e confiaram mais em Deus que em si; sabedores de que *os sofrimentos da vida presente não têm proporção com a glória futura, que dos mesmos é prêmio* (Rm 8,18).

Queres tu achar logo o que muitos depois de copiosas lágrimas e grandes trabalhos com dificuldades alcançaram?

Espera pelo Senhor, procede com coragem (Sl 27,14), sê forte. Não percas a confiança, não recues, mas expõe generosamente corpo e alma pela glória de Deus.

Eu te recompensarei plenamente: *contigo estarei em todas as tribulações* (Sl 91,15).

Capítulo XXXVI
CONTRA OS VÃOS JUÍZOS DOS HOMENS

1. JESUS CRISTO – Filho, apoia com firmeza o teu coração no Senhor, e não temas os juízos dos homens, quando a consciência te dá testemunho da tua piedade e inocência.

É bom, e uma felicidade sofrer assim, e isto não é pesado ao coração humilde, que confia mais em Deus que em si mesmo.

A maior parte dos homens fala demasiadamente, e por isso deve-se-lhes dar pouco crédito. Além de que, não é possível contentar a todos.

Ainda que Paulo se empenhasse em agradar a todos no Senhor, *fazendo-se tudo para todos* (1Cor 9,22), nem por isso deixava de ser indiferente aos juízos dos homens.

2. Fez quanto estava em suas mãos pela edificação e salvação dos outros; porém não pôde impedir que por vezes o julgassem e desprezassem.

Por isso, pôs tudo nas mãos de Deus que tudo conhece, e com paciência e humildade se defendeu das línguas dos maldizentes, dos juízos vãos e falsos e dos que espalhavam quanto lhes sugeria a paixão.

Algumas vezes, porém, respondeu às acusações, para que seu silêncio não causasse escândalo aos fracos.

3. Que tens a temer de um homem mortal? Hoje está vivo, e amanhã já não aparece.

Teme a Deus, e não temerás as ameaças dos homens.

Que mal te pode fazer alguém com palavras ou injúrias? Mais dano faz a si mesmo do que a ti; e, seja ele quem for, não poderá escapar ao juízo de Deus.

Põe os olhos em Deus, e deixa-te de contendas e queixumes.

E se agora parecer sucumbir, e sofrer humilhação que não mereceste, não te irrites por isso, nem pela impaciência diminuas tua vitória.

Levanta antes teus olhos ao céu, para Mim, que sou assaz poderoso para te livrar de toda a confusão e injúria, e para dar a cada um segundo as suas obras.

Capítulo XXXVII
A PURA E INTEIRA RENÚNCIA DE SI MESMO
PARA ALCANÇAR A LIBERDADE DO CORAÇÃO

1. JESUS CRISTO – Filho, deixa-te a ti, e achar-me-ás a Mim.

Vive sem escolher nem possuir coisa alguma e lucrarás sempre.

Assim que renunciares a ti mesmo, sem outra vez te retomares, receberás graça mais abundante.

2. A ALMA – Em que, Senhor, hei de renunciar-me, e quantas vezes?

3. JESUS CRISTO – Sempre e a toda hora, nas coisas pequenas como nas grandes. Nada excetuo, e exijo que estejas despojado de tudo.

De outro modo, como poderás ser meu e Eu teu, se não te despojares interior e exteriormente de toda vontade própria?

Quanto mais prontamente fizeres isto, tanto melhor te sentirás: e quanto mais plena e sinceramente, tanto mais Me agradarás e muito mais ganharás.

Alguns há que se entregam a Mim, porém com certa reserva; como não têm inteira confiança em Deus, cuidam de prover a si.

Outros há que no princípio oferecem tudo; mas, sobrevindo a tentação, retomam o que haviam dado, e por isso não progridem na virtude.

Nem uns nem outros chegarão à verdadeira liberdade do coração puro, nem obterão a graça de minha doce amizade, senão depois duma entrega total e dum contínuo sacrifício de si mesmos: sem o que não há nem pode haver união fruitiva comigo.

4. Muitíssimas vezes tenho dito, e ainda repito: Deixa-te a ti, renuncia-te e gozarás de grande paz interior.

Dá tudo para ganhares tudo; nada busques, nada reclames: permanece firmemente unido a Mim só, e ter-me-ás.

Teu coração será livre, e as trevas não pesarão sobre ti.

Todos os teus esforços, orações e desejos visem despojar-te de toda propriedade, para, pobre, seguires a Jesus pobre; para morreres a ti e viveres para Mim eternamente.

Então se desvanecerão todas as vãs fantasias, as penosas inquietações e os cuidados supérfluos.

Então também desaparecerá o temor excessivo, e morrerá o amor desordenado.

Capítulo XXXVIII
O BOM PROCEDIMENTO NAS COISAS EXTERIORES E O RECURSO A DEUS NOS PERIGOS

1. JESUS CRISTO – Filho, em todo lugar, em qualquer ato ou ocupação exterior, empenha-te em conservar-te recolhido e senhor de ti, de sorte que todas as coisas sejam sujeitas a ti e não tu a elas.

Serás assim dono e senhor delas, e não servo ou escravo de tuas ações.

Como livre e verdadeiro israelita, que entra na herança e na liberdade dos filhos de Deus, os quais se elevam acima das coisas presentes e contemplam as eternas; que com o olho esquerdo veem as coisas transitórias, e com o direito as celestes; que não se deixam atrair pelo apego aos bens temporais, antes os forçam a servir ao seu bem segundo a ordem determinada por Deus, e estabelecida pelo supremo Artífice, que nada deixou sem ordem em suas criaturas.

2. Se, em qualquer acontecimento, não te demorares nas aparências, e não examinares com os olhos da carne o que vires e ouvires; se em qualquer circunstância entrares primeiro, como Moisés, no tabernáculo para consultar o Senhor, ouvirás algumas vezes a resposta divina, e voltarás instruído sobre muitas coisas presentes e futuras.

Pois sempre recorria Moisés ao tabernáculo, para resolver suas dúvidas e dificuldades; e buscava o auxílio da oração para livrar-se das ciladas e maldades dos homens.

Assim deves tu recolher-te ao segredo do teu coração, para implorar com mais fervor o auxílio de Deus.

Por isso lemos que Josué e os filhos de Israel foram enganados pelos Gabaonitas, *porque não tinham antes consultado o Senhor* (Js 9,14), mas, demasiadamente crédulos a suas lisonjeiras palavras, se deixaram enganar por uma falsa compaixão.

Capítulo XXXIX
O HOMEM NÃO SE ENTREGUE
DEMASIADAMENTE AOS NEGÓCIOS

1. JESUS CRISTO – Filho, confia-me sempre teus negócios, e disporei tudo bem a seu tempo. Aguarda a minha determinação, e tirarás proveito.

2. A ALMA – Senhor, de boa vontade entrego-Vos todas as minhas coisas; porque de pouco podem servir minhas providências.

Oxalá não me preocupassem muito os acontecimentos futuros, e me abandonasse sem reserva à vossa soberana vontade!

3. JESUS CRISTO – Filho, muitas vezes o homem busca com afinco uma coisa que deseja; mas, logo que a alcança, começa a perder-lhe o gosto, porque nada há durável nas afeições, que nos levam facilmente de um objeto para outro.

Não é, pois, pequena coisa renunciar-se o homem a si mesmo, ainda nas coisas pequenas.

4. O verdadeiro progresso do homem está na abnegação de si mesmo; e o que assim se nega, caminha com muita liberdade e segurança. Ainda assim não cessa de tentar o velho inimigo, contrário a todo bem; dia e noite arma perigosas ciladas, na esperança de apanhar algum incauto na rede de suas ilusões.

Por esta causa eu te disse na pessoa de meus Apóstolos: *Vigiai e orai,* diz o Senhor, *para que não entreis em tentação* (Mt 26,41).

Capítulo XL
O HOMEM DE SI NADA TEM DE BOM, NEM DE COISA ALGUMA PODE GLORIAR-SE

1. A ALMA – Senhor, *que é o homem, para que dele Vos lembreis? Ou o filho do homem, para que o visiteis?* (Sl 8,5).

Que merecimento tinha o homem, para que lhe désseis vossa graça?

De que poderei queixar-me, Senhor, se me desamparardes? Ou que poderei reclamar com justiça, se não fizerdes o que Vos peço?

Por certo que não posso pensar, nem dizer com verdade, senão isto: "Nada sou, Senhor, nada posso, nada de bom tenho por mim; em tudo sinto a minha insuficiência, e caminho sempre para o nada".

E se não for ajudado e fortalecido interiormente por Vós, para logo cairei na tibieza e relaxamento.

2. Vós, porém, Senhor, sempre sois o mesmo e permanecereis eternamente sempre bom, justo e santo, tudo fazendo com bondade, justiça e santidade, e tudo dispondo com sabedoria.

Mas, eu que mais pendo para o mal que para o bem, não persevero muito tempo no mesmo estado, porque mudo sete vezes ao dia.

Todavia logo me acho melhor, quando Vos apraz estender-me vossa mão protetora, porque Vós só, sem humano auxílio, me podeis socorrer e fortificar, de tal sorte que não esteja jamais sujeito a mudanças, e meu coração só para Vós se volte, em Vós descanse para sempre.

3. Pelo que, se eu bem soubesse desprezar todas as consolações humanas, já para alcançar o fervor, já pela necessidade de buscar só a Vós por não haver quem me console, então, sim, teria motivo para esperar com confiança vossa graça e alegrar-me com a dádiva de uma nova consolação.

4. Graças Vos dou, Senhor, por serdes a fonte de que dimana todo o bem que me sucede.

Eu, porém, *não sou na vossa presença mais do que um nada* (Sl 39,6), e uma pura vaidade, homem inconstante e frágil. De que posso eu, pois, gloriar-me, ou com que motivo desejo ser estimado?

Acaso por ser um nada? Mas que insensatez!

A vanglória é na verdade uma peste detestável e a maior das vaidades; porque nos aparta da verdadeira glória e nos despoja da graça celestial.

Desde que o homem se compraz em si, desagrada-Vos a Vós; e quando aspira aos louvores humanos, perde as verdadeiras virtudes.

5. A verdadeira glória e a santa alegria consistem em gloriar-se cada um em Vós e não em si; em alegrar-se de vossa grandeza, e não de sua própria virtude; em não achar prazer em criatura alguma senão por amor de Vós.

Louvado seja vosso nome, e não o meu; engrandecidas sejam vossas obras, e não as minhas. Bendito seja o vosso santo nome, e nada se me atribua dos louvores dos homens.

Vós sois minha glória: Vós a alegria do meu coração. Todo o dia me gloriarei e exultarei em Vós; pois em mim nada tenho em que gloriar-me, *senão em minhas fraquezas* (2Cor 12,5).

6. Busquem embora os judeus a glória que eles dão uns aos outros; que eu buscarei a que vem de Deus só.

Toda a glória humana, toda a honra temporal, toda a grandeza mundana, comparada com a vossa eterna glória, é vaidade e loucura.

Ó verdade minha, e misericórdia minha! Deus meu, Trindade Beatíssima! A Vós só louvor, honra, virtude e glória pelos séculos sem-fim!

Capítulo XLI
O DESPREZO DE TODA HONRA TEMPORAL

1. JESUS CRISTO – Filho, não te aflijas se vires honrados e engradecidos os outros, e a ti desprezado e humilhado.

Levanta o teu coração para Mim, no céu, e não te entristecerá o desprezo dos homens, na terra.

2. A ALMA — Senhor, em cegueira vivemos, e a vaidade facilmente nos seduz.

Se considero bem o que sou, reconheço que nenhuma criatura me fez mal algum, e que assim não tenho motivo para queixar-me de Vós.

Depois de Vos ter tantas vezes e tão gravemente ofendido, justo é que toda criatura se arme contra mim.

Confusão e desprezo, eis o que em justiça me é devido; a Vós, porém, louvor, honra e glória.

E se não me dispuser a querer de boa mente ser desprezado e abandonado de todas as criaturas e tido por nada, não poderei alcançar a paz e estabilidade interior, nem receber a luz espiritual, nem me unir plenamente a Vós.

Capítulo XLII
A PAZ NÃO DEVE SER POSTA NOS HOMENS

1. JESUS CRISTO – Filho, se fundares a tua paz em alguma pessoa, por afinidade de gênio e agradável convivência com ela, sentir-te-ás instável e sem sossego.

Porém, se recorreres à sempre viva e imutável Verdade, não te contristará a partida nem a morte do amigo.

Em Mim se há de fundar o amor do amigo, e por Mim se deve amar todo aquele que te parecer bom e te for mais caro nesta vida.

Sem Mim, não vale nem dura a amizade; nem verdadeiro nem puro é o afeto de que Eu não sou o laço.

Deves estar morto para essas afeições aos entes queridos, ao ponto de desejar, quanto depende de ti, viver longe de todo o comércio humano.

Quanto mais se aparta o homem das consolações terrenas, tanto mais se aproxima de Deus.

E tanto mais alto sobe a Deus, quanto mais baixo em si desce, e mais vil se reputa.

2. Quem atribui a si algum bem impede que a graça de Deus venha sobre ele; porque a graça do Espírito Santo sempre busca o coração humilde.

Se souberes perfeitamente aniquilar-te e desprender-te de todo amor às criaturas, ver-Me-ei obrigado a derramar em ti a abundância da minha graça.

Quando olhas para as criaturas, perdes a vista do Criador.

Aprende a vencer-te em tudo por amor ao Criador, e então poderás chegar ao conhecimento de Deus.

Uma coisa, por pequena que seja, se encarada e amada desordenadamente, mancha a alma e a separa do Sumo Bem.

Capítulo XLIII
CONTRA A VÃ CIÊNCIA DO MUNDO

1. JESUS CRISTO – Filho, não te deixes levar pela formosura e sutileza dos discursos dos homens; *porque o reino de Deus não está nos discursos, mas na virtude* (1Cor 4,20).

Está atento às minhas palavras, que inflamam o coração e iluminam o entendimento, movem à compunção e infundem muitas consolações.

Nunca leias uma palavra com a intenção de pareceres mais douto ou mais sábio.

Aplica-te à mortificação dos vícios; isto te será mais útil que o conhecimento de muitas questões difíceis.

2. Por mais que estudes e aprendas, sempre hás de voltar a um mesmo princípio.

Eu sou quem ensina ao homem a ciência e ilumina a inteligência dos pequeninos, mais do que nenhum homem pode ensinar.

Aquele a quem eu falo, bem depressa possuirá a sabedoria, e se adiantará na vida espiritual.

Ai daqueles que buscam nutrir a sua curiosidade entre os homens, e pouco se preocupam em aprender o caminho para me servir.

Virá o dia em que Cristo, Mestre dos mestres, Senhor dos Anjos, aparecerá para tomar a lição a todos, isto é, para examinar a consciência de cada um.

E então, com a luz na mão, esquadrinhará Jerusalém: serão descobertos os segredos das trevas, e todas as línguas ficarão mudas.

3. Sou eu que num instante elevo a alma humilde, para que entenda mais razões da verdade eterna, que se tivesse estudado nas escolas por espaço de dez anos.

Eu ensino sem ruído de palavras, sem confusão de opiniões, sem ostentação, sem impugnação de argumentos.

Eu ensino a desprezar os bens terrenos, a aborrecer o que passa, a buscar e apreciar o que é eterno, a fugir das honras, a suportar os escândalos, a pôr em Mim toda a esperança, a não desejar fora de Mim coisa alguma, e a amar-Me ardentemente sobre todas as coisas.

4. Amando-me assim intimamente, houve quem aprendesse coisas divinas e delas falasse admiravelmente. Mais aproveitou com deixar tudo, que com estudar sutilezas.

Mas a uns digo coisas gerais, a outros, mais particulares: a alguns mostro-me suavemente, envolto em sinais e figuras; a outros revelo com grande clareza os meus mistérios.

Os livros falam a todos a mesma linguagem; não a todos, porém, instruem do mesmo modo; porque sou Eu que ensino interiormente a verdade, perscruto o coração, penetro os pensamentos, inspiro as ações e distribuo a cada um o que julgo justo.

Capítulo XLIV
NÃO NOS DEVEMOS EMBARAÇAR
COM AS COISAS EXTERIORES

1. JESUS CRISTO – Filho, convém que ignores muitas coisas, e te consideres como morto para o mundo, e para quem o mundo todo está crucificado.

Também deves fazer-te surdo a muitas coisas, e pensar antes no que importa à tua paz. Vale mais desviar os olhos do que te desagrada, e deixar cada um em seu parecer, que meter-te em discussões.

Se estiveres bem com Deus e tiveres presente seu juízo, não te custará dar-te por vencido.

2. A ALMA – Ah! Senhor, a que ponto chegamos?! Choramos uma perda temporal, trabalhamos e corremos pelo menor ganho; e esquecemos o prejuízo espiritual, e só tarde dele nos lembramos.

Olha-se muito para o que pouco ou nada vale, e descura-se com negligência o que é sumamente necessário; porque o homem se derrama todo nas coisas exteriores, e, se não entra logo em si, nelas se enterra com prazer.

Capítulo XLV
NÃO SE DEVE DAR CRÉDITO A TODOS,
E COMO É FÁCIL PECAR POR PALAVRAS

1. A ALMA – Socorrei-me, Senhor, na tribulação: *porque é vã a salvação que vem do homem* (Sl 60,13).

Quantas vezes não encontrei fidelidade onde pensei achá-la? Quantas vezes também a achei onde menos esperava?

É, pois, vã toda a esperança nos homens; em Vós, ó Deus, está a salvação dos justos. Bendito sejais, Senhor, meu Deus, em tudo que nos acontece.

Somos fracos e inconstantes; facilmente nos enganamos e mudamos.

2. Que homem há tão capaz de se manter precavido e circunspecto em todas as suas ações, que alguma vez não caia em engano nem em perplexidade?

Mas o que confia em Vós, Senhor, e Vos busca com simplicidade de coração, não resvala com tanta facilidade.

E se cair em alguma tribulação, por mais emaranhado que esteja, prontamente o haveréis de livrar ou consolar, porque não desamparais ao que em Vós confia até ao fim.

Raro é o amigo fiel, que assim se conserva em todas as adversidades do amigo. Vós, Senhor, só Vós sois fidelíssimo em qualquer circunstância, e ninguém há que a Vós se compare.

3. Oh! Que bem sábia era aquela alma santa, que disse: Meu coração está seguro e firme em Cristo! (Santa Águeda).

Se eu estivera nesta disposição, não me perturbaria tão facilmente o temor humano, nem me abalariam as palavras injuriosas.

Quem pode prever tudo? Quem pode precaver-se dos males futuros? Se os previstos muitas vezes nos causam dano, como não nos hão de ferir os que nos colhem de improviso?

Mas por que motivo eu, miserável, não me acautelei melhor? Por que tão facilmente dei crédito aos outros?

Somos homens, e nada mais que frágeis homens, ainda que muitos nos considerem e chamem anjos.

Em quem acreditarei, Senhor? Em quem senão em Vós? Sois a verdade que não engana, nem se pode enganar.

Ao passo que *todo homem é mentiroso* (Sl 116,11), fraco, inconstante, frágil, mormente nas palavras; de sorte que mal se lhe deve dar crédito no que à primeira vista parece verdadeiro.

4. Quão prudentemente nos advertistes que nos acautelássemos dos homens; que *os inimigos do homem são os de sua casa* (Mt 10,36); e que se algum nos dissesse: Cristo está aqui ou está acolá, não lhe déssemos crédito!

Aprendi esta verdade à minha custa, e Deus queira que ela sirva para tornar-me mais acautelado, e não mais imprudente!

Cuidado, diz-me alguém, cuidado; guarda para ti o que digo. E enquanto me calo e julgo que a coisa permanece em segredo, não pode silenciar quem me pediu silêncio; mas logo atraiçoa a mim, a si, e vai-se.

Livrai-me, Senhor, destas confidências enganosas e desses homens levianos, para que não caia em suas mãos, nem cometa semelhantes faltas.

Ponde na minha boca palavras sinceras e estáveis, e apartai da minha língua todo artifício. Devo absolutamente evitar o que dos outros não quero sofrer.

5. Oh! Quão bom e útil à paz, calar dos outros, não crer indiferentemente nem repetir com leviandade o que se ouve, abrir-se com poucos, buscar sempre a Vós, que vedes o coração, e não se deixar levar por qualquer sopro de palavras; mas desejar que tudo em nós e fora de nós se cumpra segundo o beneplácito de vossa vontade.

Como é seguro, para conservar a graça do céu, fugir das aparências humanas e não cobiçar o que atrai a admiração dos outros; mas buscar com toda a diligência o que pode dar-nos a emenda da vida e o fervor!

A quantos homens tem sido funesta uma virtude conhecida e louvada antes de tempo!

Quão proveitosa foi a graça guardada em silêncio nesta vida frágil, que é toda tentação e luta!

Capítulo XLVI
A CONFIANÇA QUE DEVEMOS TER EM DEUS, QUANDO NOS DIRIGEM PALAVRAS AFRONTOSAS

1. JESUS CRISTO – Filho, está firme e espera em Mim. Que são palavras senão palavras? Voam pelo ar, mas não quebram a pedra.

Se és culpado trata de emendar-te de boa vontade. Se a consciência de nada te acusa, lembra-te que deves sofrer com alegria por amor de Deus.

Basta este pouco, que sofras às vezes algumas palavras, já que não podes sofrer mais pesados golpes.

Por que motivo coisas tão pequeninas te ferem o coração, senão porque és ainda carnal, e demasiadamente te preocupas com os homens?

Porque temes ser desprezado, não queres ser repreendido de tuas faltas, e procuras abrigar-te à sombra das desculpas.

2. Examina-te melhor, e acharás que ainda vive em ti o mundo e o vão desejo de agradar aos homens.

Porque a repugnância que tens de ser humilhado e confundido por tuas fraquezas prova que não tens humildade sincera, que não estás verdadeiramente morto ao mundo, e que o mundo não está crucificado para ti.

Ouve as minhas palavras, e não farás caso das muitas que os homens disserem!

Quando eles dissessem contra ti tudo quanto pode inventar a mais requintada malícia, que mal te poderiam fazer, se as deixasses passar todas, avaliando-as como palha que o vento leva? Poderiam porventura fazer cair-te da cabeça um só cabelo?

3. Quem não tem o coração recolhido nem a Deus diante dos olhos, facilmente se perturba com uma palavra de desprezo.

Mas quem confia em mim, e não deseja apoiar-se em seu próprio parecer, não terá nada que temer dos homens.

Porque eu sou juiz, e conheço todos os segredos; eu sei como se passam as coisas; eu conheço quem faz a injúria, e quem a sofre.

De mim partiu esta palavra; eu permiti este acontecimento, *para que fossem revelados os pensamentos de muitos corações* (Lc 2,35).

Eu julgarei o culpado e o inocente: porém, por oculto juízo, quis provar primeiro a um e a outro.

4. O testemunho dos homens muitas vezes engana, mas o meu juízo é verdadeiro: ele subsistirá, e não será revogado.

A maior parte das vezes é oculto, e poucas pessoas o descobrem em suas particularidades: porém nunca erra, nem pode errar, ainda que aos olhos dos insensatos não pareça justo.

A Mim, pois, se deve recorrer em qualquer juízo, e não confiar no próprio parecer.

O justo não se turbará com qualquer coisa que lhe aconteça por ordem de Deus.

Pouco lhe importará que o acusem injustamente.

Nem exultará de vã alegria se outros o defenderem com boas razões, porque sabe que eu perscruto os corações e os rins, e não julgo segundo o exterior e as aparências humanas.

O que parece louvável ao juízo dos homens, muitas vezes é a meus olhos digno de censura.

5. A ALMA – Senhor Deus, justo juiz, forte e paciente, que conheceis a fragilidade e a malícia dos homens, sede minha fortaleza e toda a minha confiança; pois não me basta o testemunho da minha consciência.

Vós conheceis o que eu não conheço; e por isso devo humilhar-me todas as vezes que sou repreendido, e sofrer com mansidão.

Perdoai-me, propício, as vezes que assim não procedi, e dai-me de novo a graça de maior resignação.

Porque mais confiança tenho em vossa grande misericórdia para alcançar o perdão, do que em minha presumida virtude para ratificar o que mal conhece minha consciência.

Ainda que não tenha nada de que me acuse (1Cor 4,4), nem por isso estou justificado; porque sem a vossa misericórdia *ninguém haverá justo a vossos olhos* (Sl 143,2).

Capítulo XLVII
DEVEM-SE SUPORTAR TODOS OS MALES
POR AMOR DA VIDA ETERNA

1. JESUS CRISTO – Filho, não esmoreças nos trabalhos que por mim empreendeste, nem desanimes com as tribulações; mas em tudo que te acontecer, minhas promessas te consolem e fortifiquem.

Tenho poder para dar-te uma recompensa sem limite e sem medida. Não trabalharás aqui muito tempo, nem sempre viverás oprimido de dores.

Espera um pouco, verás bem depressa o fim de teus males. Hora virá em que cessará todo trabalho e inquietação. Pouco e breve é tudo o que passa com o tempo.

2. Faze com cuidado o que tens que fazer; trabalha fielmente na minha vinha; eu serei a tua recompensa.

Escreve, lê, canta, geme, cala, ora, sofre varonilmente as adversidades: a vida eterna é digna destas e de outras maiores pelejas.

Virá a paz num dia que o Senhor sabe, e não haverá mais dia nem noite, como na terra, mas luz perpétua, claridade infinita, paz inalterável e descanso seguro.

Não dirás então: *Quem me livrará deste corpo de morte?* (Rm 7,24). Nem exclamarás: *Ai de mim, que se prolonga o meu desterro!* (Sl 120,5). Porque a morte será destruída, e a salvação será eterna; não haverá mais angústia, mas bem-aventurada alegria, nobre e agradável companhia.

3. Oh! Se visses as coroas imortais dos Santos no céu, e de quanta glória exultam agora os que outrora eram desprezados neste mundo e tidos por indignos da mesma vida! Certamente te humilharias até à terra, e mais quererias obedecer a todos que mandar a um só.

E não desejarias os dias felizes desta vida; mas antes te alegrarias de sofrer por amor de Deus, e terias por grandíssimo lucro ser tido por nada entre os homens.

4. Oh! Se gostasses destas verdades e as deixasses penetrar até ao fundo de teu coração, como ousarias queixar-te ainda uma só vez?

Porventura não se devem tolerar todos os trabalhos pela vida eterna? Não é coisa de pouca monta perder ou ganhar o Reino de Deus.

Levanta, pois, os olhos ao céu. Aqui estou, e comigo todos os meus Santos: eles sustentaram neste mundo o grande combate; e agora são felizes; agora estão consolados e seguros; agora descansam, e permanecerão para sempre comigo no reino de meu Pai.

Capítulo XLVIII
O DIA DA ETERNIDADE E AS MISÉRIAS DESTA VIDA

1. A ALMA – Oh! Bem-aventurada mansão da cidade celestial! Oh! Dia claríssimo da eternidade, que nenhuma noite obscurece, e a Verdade suprema sempre ilumina! Dia sempre alegre, sempre seguro, livre de qualquer vicissitude.

Oh! Quem dera amanhecesse este dia, e passassem todas as coisas do tempo! Para os Santos já brilha no esplendor de sua eterna claridade, mas para os peregrinos da terra só se deixa entrever de longe e como refletido em espelho.

2. Os cidadãos do céu conhecem-lhe as alegrias; mas os degredados filhos de Eva gemem na amargura e no tédio da vida presente.

Os dias do tempo presente são poucos e maus, cheios de dores e angústias.

Neles se vê o homem manchado de muitos pecados, preso à rede de muitas paixões, angustiado de muitos temores, ocupado com muitos cuidados, distraído com muitas curiosidades, implicado com muitas vaidades, envolvido em muitos erros, esmagado de trabalhos, perseguido de tentações, efeminado pelos prazeres, atormentado pela pobreza.

3. Oh! Quando virá o fim destes males? Quando me verei livre da miserável escravidão dos vícios? Quando me

lembrarei só de Vós, Senhor? Quando me alegrarei plenamente em Vós?

Quando gozarei da verdadeira liberdade, desembaraçado de todo impedimento, isento de toda aflição na alma e no corpo?

Quando possuirei essa paz sólida, essa paz imperturbável e segura; essa paz interior e exterior, paz de todos os lados assegurada?

Ó bom Jesus! Quando me será dado ver-Vos? Quando contemplarei a glória de vosso reino? Quando me sereis tudo em todas as coisas?

Oh! Quando estarei convosco no reino que desde toda a eternidade preparastes para os que Vos amam?

Fui abandonado pobre e desterrado em terra inimiga, onde são constantes os combates e os grandes infortúnios.

4. Consolai o meu desterro, mitigai a minha dor, que por Vós suspiram todos os meus desejos. É-me de peso todo prazer que me oferece o mundo.

Desejo gozar-Vos intimamente; mas não posso consegui-lo. Desejo estar unido com as coisas celestiais; porém as coisas da terra e as paixões imortificadas me arrastam para baixo.

Minha alma aspira a elevar-se acima de todas as coisas; porém a carne violentamente a elas me submete.

Deste modo eu, homem infeliz, a mim próprio combato, e *sou pesado a mim mesmo* (Jó 7,20), enquanto o espírito busca elevar-se, e a carne degradar-se.

5. Oh! Como não sofro interiormente quando, meditando as coisas celestiais, minha oração é logo assaltada por um tropel de ideias carnais! Deus meu, não vos aparteis de mim, *e em vossa ira não abandoneis o vosso servo* (Sl 27,9).

Lançai um raio de vossa luz, e dissipai estas ilusões; lançai vossas setas, e afugentai estes fantasmas do inimigo.

Chamai a Vós todos os meus sentidos; fazei-me esquecer todas as coisas mundanas, dai-me a graça de repelir e desprezar até as imagens dos vícios.

Socorrei-me, Verdade eterna, para que não me seduza vaidade alguma.

Vinde a mim, suavidade celestial, e fuja de vossa presença toda impureza.

Perdoai-me também, e usai de misericórdia comigo, todas as vezes que, na oração, penso em outra coisa que não Vós, pois confesso sinceramente que nela estou de ordinário bem distraído.

Em pé ou sentado, muitas vezes não estou onde está meu corpo, mas antes onde me leva o pensamento. Estou onde está o meu pensamento. E meu pensamento está quase sempre onde está o que amo.

O que naturalmente me deleita ou o costume me torna agradável ocorre-me com facilidade à memória.

6. Por isso Vós, ó Verdade eterna, nos dissestes expressamente: *Onde está vosso tesouro, aí está também vosso coração* (Mt 6,21).

Se amo o céu, com gosto penso nas coisas celestiais. Se amo o mundo, alegro-me com as prosperidades do mundo, e entristeço-me com suas adversidades.

Se amo a carne, imagino muitas vezes coisas carnais. Se amo o espírito, alegro-me em pensar em coisas espirituais.

Porque do que amo, falo e ouço falar com gosto e levo comigo suas imagens para casa.

Bem-aventurado, porém, Senhor, o homem, que, por amor de Vós, abre mão de todas as criaturas; que faz violência à natureza e crucifica com o fervor do espírito as concupiscências da carne, para que, serenada sua consciência, vos ofereça uma oração pura e, desembaraçado interior e exteriormente de tudo que é terrestre, se torne digno de integrar o coro dos Anjos.

Capítulo XLIX
O DESEJO DA VIDA ETERNA E A GRANDEZA DOS BENS PROMETIDOS AOS QUE COMBATEM

1. JESUS CRISTO – Filho, quando sentires que o desejo da eterna bem-aventurança te é infundido do alto, e quando aspirares a sair do cárcere do corpo para poder contemplar minha luz sem sombra de vicissitude, dilata o teu coração, e acolhe com todo o fervor esta santa inspiração.

Dá imensas graças à soberana Bondade, que assim se digna favorecer-te, com tanta clemência te visita, tão vivamente te anima e te sustenta com vigor, para que não te arraste o próprio peso para as coisas terrenas.

Porque nada disto é fruto de teus pensamentos ou de teus esforços, mas pura mercê da graça celeste e de meu divino olhar: a fim de que, crescendo em virtude e humildade, te prepares para novos combates, e te unas a Mim com todos os afetos do teu coração e vontade fervorosa de me servir.

2. Filho, muitas vezes arde o fogo, mas não sobe sem fumo a chama.

Assim alguns se abrasam em desejos das coisas celestiais, mas não estão ainda livres da tentação dos afetos carnais.

Por isso, não têm só em vista a glória de Deus no que com tanto empenho lhe pedem.

Tal é muitas vezes o teu desejo, que disseste ser tão vivo. Pois não é puro nem perfeito o que vai contaminado de interesse próprio.

3. Pede-me não o que te é agradável e proveitoso, senão o que me apraz e honra; porque, se julgas com acerto, deves seguir e antepor meus mandamentos a teu desejo e a tudo quanto possas desejar.

Conheço os teus desejos, e ouvi os teus repetidos gemidos.

Já quiseras gozar da liberdade gloriosa dos filhos de Deus, já te enche de prazer a mansão eterna, a pátria celestial, que é toda felicidade: mas ainda não é chegada essa hora; outro é ainda o tempo, tempo de luta, tempo de trabalhos e provações.

Desejas saciar-te do Sumo Bem; mas não o podes alcançar por ora. Eu sou esse Bem, espera-me, diz o Senhor, até que venha o Reino de Deus.

4. Hás de ser ainda provado na terra, e passar por vários exercícios.

De tempos em tempos receberás algumas consolações, mas nunca assaz abundantes para saciar teus desejos.

Cobra ânimo, pois, e sê forte (Dt 31,7), para cumprir como para padecer o que repugna à natureza.

Importa que te revistas do homem novo e que te mudes em outro homem.

É preciso que faças, muitas vezes, o que não queres, e deixes o que queres. O que agrada aos outros vai por diante, e o que te agrada a ti malogra. O que os outros dizem é atendido, e do que tu disseres não se fará nenhum caso. Pedirão os outros e receberão; pedirás tu, e nada alcançarás.

5. Serão grandes os outros na boca dos homens; de ti, porém, não dirão palavra.

Os outros serão encarregados deste ou daquele negócio; a ti não te julgarão apto para coisa alguma.

Por isso se contristará às vezes a natureza; e muito farás, se o sofreres em silêncio.

Com estas e outras muitas provações semelhantes costuma Deus provar a fidelidade de seu servo, para ver até que ponto ele sabe renunciar a si mesmo e mortificar-se em tudo.

Mal haverá coisa, em que mais necessites morrer a ti mesmo, que em ver e suportar coisas repugnantes à tua vontade, principalmente quando parece inútil ou desarrazoado o que te mandam fazer.

E porque, vivendo sob a obediência, não ousas resistir à vontade de teu superior, parece-te duro andar às ordens de outrem e renunciar inteiramente a teu modo de ver.

6. Pensa, porém, filho, no fruto destes trabalhos, no seu fim próximo, quão grande será sua recompensa; e não só te não serão pesados, mas terás imenso conforto em sofrê-los.

Pois, por este pouco de vontade a que agora espontaneamente renuncias, serás eternamente senhor de tua vontade no céu.

Ali acharás, com efeito, tudo o que quiseres, tudo o que puderes desejar. Ali possuirás a abundância de todos os bens, sem medo de perdê-los. Ali tua vontade, sempre unida à minha, nada apetecerá de estranho ou particular.

Ali ninguém te resistirá, ninguém se queixará de ti, ninguém suscitará contrariedades nem obstáculos; mas os objetos de todos os teus desejos simultaneamente presentes saciarão todas as tuas aspirações e as colmarão ao máximo.

Ali, dar-te-ei glória pela afronta padecida, vestidura de honra por tuas tristezas e um trono do reino eterno pelo último lugar.

Ali se colherá o fruto da obediência; a penitência se alegrará de seus sofrimentos e a humilde sujeição será gloriosamente coroada.

7. Inclina-te, pois, agora humildemente debaixo da mão de todos, e não cuides em saber quem disse ou mandou o que te é ordenado. Cuida sobretudo em acolher com agrado e fazer de boa vontade o que te for pedido ou mandado, seja o superior, seja o mais moço, seja o teu igual quem to manda.

Busquem uns isto, outros aquilo, glorie-se este de uma coisa, aquele de outra, e receba por isso mil louvores: tu, porém, não te alegres senão no desprezo de ti mesmo, e na minha vontade e glória.

O que deves desejar é que, assim na vida como na morte, Deus seja sempre em ti glorificado.

Capítulo L
O HOMEM ATRIBULADO DEVE ENTREGAR-SE NAS MÃOS DE DEUS

1. A ALMA – Senhor Deus, Pai santo, agora e para sempre sejais bendito; porque como quereis assim foi feito, e quanto fazeis é bom.

Alegre-se vosso servo em Vós, não em si nem em algum outro; porque só Vós, Senhor, sois a verdadeira alegria; Vós minha esperança, a minha coroa, minha felicidade e minha glória.

Que tem o vosso servo, senão o que de Vós recebeu, e ainda sem o ter merecido?

Tudo é vosso, quanto destes e fizestes. *Pobre sou e cheio de trabalhos desde minha juventude* (Sl 88,16); e minha alma se entristece algumas vezes até às lágrimas; outras vezes se perturba por causa das paixões que a ameaçam.

2. Desejo a alegria da paz, imploro a paz dos vossos filhos, a quem apascentais na luz das vossas consolações.

Se me derdes a paz, se me infundirdes a santa alegria, ficará a alma de vosso servo cheia de uma doce melodia; cantará fervorosamente vossos louvores.

Porém se Vós Vos retirardes, como tantas vezes costumais fazer, não poderá correr pelo caminho de vossos mandamentos; só lhe restará pôr-se de joelhos e bater no peito, porque não lhe vão as coisas como ontem e anteontem, quando vossa luz resplandecia sobre sua cabeça, e à sombra das vossas asas vosso servo encontrava refúgio contra novo assalto das tentações.

3. Pai justo e sempre digno de louvor, é chegada a hora da provação para o vosso servo. Pai amável, justo é que nesta hora vosso servo sofra alguma coisa por vosso amor.

Pai eternamente adorável, chegou a hora que havíeis previsto desde a eternidade, em que por algum tempo há de sucumbir o vosso servo exteriormente, mas para interiormente viver sempre convosco.

Esse que, por um pouco de tempo, será vilipendiado, humilhado, abatido diante dos homens, triturado de sofrimentos e enfermidades, para de novo ressuscitar convosco na aurora da nova luz, e ser glorificado no céu.

Pai santo, Vós assim o ordenastes e assim o quisestes; e cumpriu-se o que mandastes.

4. É uma graça que fazeis a vossos amigos, permitir que padeçam e sejam atribulados por vosso amor neste mundo, quantas vezes e por qualquer pessoa que vossa sabedoria permitir.

Nada acontece na terra sem razão, sem desígnio e sem ordem de vossa Providência.

Senhor, é para mim um bem que me tenhais humilhado, para que eu aprenda vossos justos juízos (Sl 119,71), e desterre do meu coração toda a soberba e presunção.

É útil para mim que o meu rosto se haja coberto de confusão, para que procure a consolação antes em Vós que nos homens.

Também aprendi nisto a temer vossos imperscrutáveis juízos, segundo os quais afligis o justo e o ímpio, mas sempre com equidade e justiça.

5. Graças vos dou, porque não poupastes minhas maldades, antes me feristes com cruéis açoites, infligindo-me dores e angústias interiores e exteriores.

De quanto há debaixo do céu nada me há de consolar, senão Vós, Senhor, meu Deus, médico celeste das almas, que feris e sarais, *levais até ao abismo e dele livrais* (Tb 13,2).

Estou sob a vossa disciplina e a vossa própria vara me instrui.

6. Pai amantíssimo, eis-me aqui em vossas mãos, curvo-me sob a vara que me castiga.

Feri minhas costas e minha cerviz, para endireitar o que em mim há de tortuoso, segundo vossa vontade.

Fazei-me discípulo humilde e piedoso, como bem sabeis fazê-lo, sempre pronto a obedecer-Vos ao menor aceno.

Entrego-me a mim mesmo e tudo que é meu à vossa correção; melhor é ser castigado neste mundo do que no outro.

Vós conheceis todas e cada uma das coisas, e nada Vos é oculto na consciência dos homens. Sabeis o futuro antes que ele aconteça, e não é necessário que ninguém Vos ensine ou Vos advirta do que se passa na terra.

Sabeis o que convém para meu adiantamento, e como serve a tribulação para limpar a ferrugem dos vícios.

Disponde de mim segundo vossa amável vontade, e não me desprezeis por causa de minha vida pecaminosa, que ninguém conhece melhor nem mais claramente que Vós.

7. Concedei-me, Senhor, que eu saiba o que devo saber; ame o que devo amar; louve o que mais Vos agrada; estime o que para Vós é precioso, e censure o que aos vossos olhos é abominável.

Não permitais que eu julgue segundo o que veem os olhos, nem que sentencie pelo que ouço de homens ignorantes; mas dai-me a graça de discernir, com juízo verdadeiro, entre as coisas visíveis e as espirituais, e buscar sempre e acima de tudo o que é mais conforme à vossa vontade.

8. Muitas vezes se enganam os sentidos dos homens em suas opiniões, e não menos se iludem os mundanos amando somente as coisas visíveis.

Porventura é um homem melhor porque outro homem o reputa maior do que é?

O homem que exalta a outro é um mentiroso que engana outro mentiroso, um vaidoso que engana outro vaidoso, um cego que engana outro cego, um doente que engana outro doente; e os vãos louvores são uma verdadeira confusão para quem os recebe.

Pois o homem vale o que vale aos vossos olhos, diz o humilde São Francisco.

Capítulo LI
DEVEMOS OCUPAR-NOS DE OBRAS HUMILDES, QUANDO NOS FALTAM FORÇAS PARA AS MAIS ELEVADAS

1. JESUS CRISTO – Filho, não podes conservar-te sempre no desejo fervoroso das virtudes, nem perseverar no mais alto grau da contemplação; porém é necessário, por causa da corrupção original, que desças algumas vezes às coisas inferiores e leves, ainda que te pese e enfastie, o fardo desta vida corruptível.

Enquanto viveres neste corpo mortal, sentirás tédio e angústias de coração. É necessário, pois, que, revestido de carne, gemas muitas vezes sob o peso da carne: porque não podes aplicar-te continuamente aos exercícios espirituais e à divina contemplação.

2. Então te convém procurar um refúgio nas ocupações exteriores e humildes, e distrair-te com boas obras; esperar com firme confiança minha vinda e celestial visita; sofrer com paciência o teu desterro e aridez d'alma, até que eu venha de novo visitar-te e te livre de todas as tuas inquietações.

Far-te-ei esquecer os teus sofrimentos e gozar de serenidade interior. Exporei à tua vista os prados das Escrituras, para que, com o coração dilatado, comeces a correr no caminho de meus mandamentos.

Não têm proporção os sofrimentos da *vida presente com a glória futura que em nós será manifestada* (Rm 8,18).

Capítulo LII
O HOMEM NÃO DEVE JULGAR-SE DIGNO DE CONSOLAÇÃO, MAS SIM DE CASTIGO

1. A ALMA – Senhor, não sou digno de que me consoleis, nem que me visiteis algumas vezes espiritualmente; e por isso me tratais com justiça, quando me deixais pobre e desconsolado.

Ainda que pudesse derramar um mar de lágrimas, nem por isso seria digno de vossas consolações.

Nada mais mereço que ser afligido e castigado; porque Vos ofendi gravemente e muitas vezes, e de mil maneiras pequei.

De maneira que, tudo bem ponderado, acho-me indigno da menor de vossas consolações.

Mas Vós, Deus clemente e misericordioso, que não quereis que vossas obras pereçam, para manifestar as riquezas de vossa bondade em vasos de misericórdia, Vos dignais consolar o vosso servo além do que ele merece e de um modo sobre-humano.

Porque vossas consolações não são como as vãs palavras dos homens.

2. Que fiz eu, Senhor, para que me désseis alguma parte nas consolações do céu?

Não me lembro de haver feito bem algum; pelo contrário, fui sempre inclinado ao vício, e preguiçoso em emendar-me.

Isto é verdade, nem eu posso negá-lo. Se dissesse o contrário, Vós Vos levantaríeis contra mim, e não haveria quem me defendesse.

Que mereço por meus pecados, senão o inferno e o fogo eterno?

Em verdade confesso que sou digno de todo escárnio e desprezo, nem mereço ser contado entre os vossos servos.

E ainda que me seja penoso ouvir isso não deixarei, a bem da verdade, de acusar meus pecados contra mim mesmo, para que mais facilmente mereça alcançar a vossa misericórdia.

3. Que direi eu, sendo réu e coberto de confusão? Não posso abrir a boca senão para dizer esta só palavra: Pequei, Senhor, pequei! Tende piedade de mim, perdoai-me! *Dai-me algum tempo para que desafogue a minha dor, antes que vá para a região tenebrosa e coberta das sombras da morte* (Jó 10,21-22).

Que é o que principalmente exigis de um réu, de um miserável pecador, senão que se arrependa e humilhe por seus pecados?

O verdadeiro arrependimento e humildade de coração fazem nascer a esperança do perdão, reconciliam a consciência perturbada, reparam a graça perdida, preservam o homem da ira futura; e então é que se juntam, no ósculo santo, Deus e a alma contrita.

4. Esta dor humilde dos pecados é para Vós, Senhor, um sacrifício agradável, e de muito mais suave perfume que o aroma do incenso.

É também o unguento precioso que quisestes fosse derramado sobre vossos sagrados pés; porque não desprezastes nunca um coração contrito e humilhado.

Aí é que se encontra o lugar de refúgio contra o furor do inimigo: nele se emenda e purifica o pecador de todas as manchas contraídas alhures.

Capítulo LIII
A GRAÇA DE DEUS NÃO SE COMUNICA AOS QUE GOSTAM DAS COISAS DA TERRA

1. JESUS CRISTO – Filho, minha graça é um dom precioso que não sofre mistura de coisas estranhas, nem de consolações terrenas. Convém, pois, remover todos os obstáculos da graça, se desejas que te seja infundida.

Procura o retiro; ama estar só contigo; não procures a conversação de ninguém, e ora devotamente a Deus, para que te conserve o coração compungido e a consciência pura.

Reputa por nada o mundo inteiro, e prefere a todas as coisas exteriores o servo de Deus. É impossível te aplicares a Mim, e ao mesmo tempo te deleitares nas coisas que passam.

É necessário que te apartes de conhecidos e amigos, e prives tua alma de todo conforto temporal. Assim recomenda o bem-aventurado Apóstolo Pedro aos servos de Cristo que *se comportem como estrangeiros e peregrinos neste mundo* (1Pd 2,11).

2. Oh! Quanta confiança não terá à hora da morte quem não se sentir preso ao mundo por nenhuma afeição!

Mas, ter assim o coração desapegado de tudo, não o compreende a alma ainda enferma; nem conhece o homem carnal a liberdade do homem interior.

Entretanto, se quiser verdadeiramente ser espiritual, é preciso que renuncie a estranhos e parentes, que de ninguém se guarde mais que de si mesmo.

Se te venceres a ti perfeitamente, vencerás facilmente tudo o mais. Vitória perfeita é triunfar de si próprio.

Quem, pois, se domina de tal modo que os sentidos obedeçam à razão e a razão Me obedeça a Mim em tudo, é verdadeiramente vencedor de si e senhor do mundo.

3. Se aspiras a galgar estas alturas, é necessário começar varonilmente e pôr o machado à raiz, para arrancar e destruir o secreto e desordenado amor de ti mesmo e de todos os bens particulares e sensíveis.

Deste vício que é o amor excessivamente desordenado que o homem tem a si próprio nasce quase tudo quanto deve ser extirpado até à raiz; vencido e subjugado este mal, gozará logo de grande paz e tranquilidade.

Como há poucos, porém, que trabalham em morrer de todo a si mesmos, e em sair inteiramente de seu próprio amor, por isso ficam envoltos em seus afetos e não podem elevar-se acima de si próprios em espírito.

Aquele, porém, que deseja seguir-Me livremente, é necessário que mortifique todas as suas inclinações más e desordenadas, e não se apegue apaixonadamente a criatura alguma com amor especial.

Capítulo LIV
OS DIVERSOS MOVIMENTOS DA NATUREZA E DA GRAÇA

1. JESUS CRISTO – Filho, examina com cuidado os movimentos da natureza e da graça; porque são extremamente opostos e sutis e a custo se podem discernir, a não ser por um homem espiritual e iluminado na vida interior.

Todos desejam o bem, e no que dizem e fazem visam algum bem; por isso muitos se enganam com as aparências do bem.

2. A natureza é astuta, arrasta a maior parte dos homens; enreda-os e seduz, e tem sempre a si mesma por fim.

A graça, porém, procede com simplicidade, evita as menores aparências do mal; não se serve de artifícios, e faz tudo somente por Deus, em quem repousa como em seu fim último.

3. A natureza tem repugnância à morte; e não quer ser oprimida, nem vencida, nem dominada, e não se submete de bom grado.

Mas a graça leva o homem a mortificar-se, resiste à sensualidade, quer estar sujeita, deseja ser vencida e não quer usar de sua própria liberdade; gosta de ser mantida sob disciplina, não aspira dominar a ninguém; mas viver, servir e estar sempre sob a mão de Deus; e por Deus está pronta a curvar-se humildemente diante de qualquer criatura humana.

4. A natureza trabalha para seu próprio interesse, e tem por alvo a utilidade que lhe pode advir dos outros. A graça, porém, não considera o que lhe é útil e vantajoso, senão o que aproveita ao maior número.

5. A natureza recebe com gosto honras e homenagens. A graça, porém, atribui fielmente a Deus toda a honra e glória.

6. Teme a natureza, a confusão e o desprezo; alegra-se a graça *em padecer injúrias pelo nome de Jesus* (At 5,41).

7. A natureza ama a ociosidade e o bem-estar do corpo. A graça, porém, não pode estar ociosa, antes com gosto abraça o trabalho.

8. A natureza procura possuir coisas raras e belas, e aborrece o que é vil e grosseiro, mas a graça deleita-se nas coisas simples e humildes; não despreza o que é rude, nem recusa os vestidos já usados.

9. A natureza deseja os bens temporais, alegra-se com o ganho terrestre, entristece-se com as perdas, e ofende-se com a mais leve palavra injuriosa. A graça, porém, aspira aos bens eternos, não se apega aos temporais, não se perturba com nenhuma perda, nem se ofende com as palavras mais ásperas; porque pôs o seu tesouro e a sua alegria no céu, onde nada perece.

10. A natureza é interesseira, e de melhor vontade recebe do que dá; ama o que lhe é próprio e de uso particular. A graça, porém, é compassiva e nada reserva para si; evita a singularidade, contenta-se com pouco, e tem por *maior ventura o dar que o receber* (At 20,35).

11. Inclina-se a natureza às criaturas, à própria carne, à vaidade e às distrações. Leva-nos a graça a Deus, à virtude, renuncia às criaturas, foge do mundo, aborrece os desejos carnais, corta com todas as idas e vindas, e cora de aparecer em público.

12. Folga a natureza em ter alguma consolação exterior, em que se deleitem os sentidos; só por Deus procura a graça consolar-se; e, acima das coisas visíveis, no Sumo Bem põe as suas delícias.

13. A natureza tudo faz por seu próprio interesse e utilidade; nada pode fazer gratuitamente; mas pelos seus benefícios espera receber outros iguais ou melhores, aplausos ou favores; e deseja sejam tidas em grande conta suas ações e dádivas. A graça, ao contrário, não procura nenhum bem terreno, nem quer outro prémio senão Deus só por recompensa; e dos bens temporais indispensáveis quer apenas o que lhe pode ser útil para conseguir os eternos.

14. Compraz-se a natureza em ter muitos amigos e parentes, gloria-se das altas posições e da nobreza de nascimento e linhagem, adula os poderosos, lisonjeia os ricos, aplaude os iguais. Ama a graça até os inimigos, e não se ensoberbece pelos muitos amigos; não faz caso do próprio nascimento e linhagem, se aí não há maior virtude, favorece antes ao pobre que ao rico, compadece-se mais do inocente que do poderoso, simpatiza com quem é sincero e não com o mentiroso, e não se cansa de exortar os bons a se esforçarem por ser melhores e se assemelhar, por suas virtudes, ao Filho de Deus.

15. A natureza logo se queixa do que lhe falta ou a incomoda; a graça suporta com grande confiança as privações.

16. A natureza dirige tudo a si mesma e por si peleja e discute. A graça, porém, tudo refere a Deus, de quem originariamente todo bem dimana; não atribui nenhum bem a si, nem presume de si mesma com arrogância, não porfia,

nem prefere sua opinião à dos outros; mas submete todos os seus pensamentos e sentimentos à eterna sabedoria e ao juízo de Deus.

17. A natureza tem curiosidade de saber segredos e ouvir novidades; quer aparecer em público e ter experiência sensível de muitas coisas; deseja ser conhecida e fazer obras que atraiam sobre si louvor e admiração. A graça, porém, não se preocupa com curiosidades e novidades, porque tudo isto nasce da corrupção do homem velho, pois não há nada de novo nem estável sobre a terra.

Ensina assim a reprimir os sentidos, a evitar a vã complacência e ostentação, a esconder humildemente o que merece elogio e admiração, a não buscar na ciência, como em tudo o mais, senão ao que é útil e redunda em honra e glória de Deus.

Não quer louvores para si nem para o que lhe pertence; mas deseja que Deus seja glorificado em seus dons, que todos dispensa com puríssimo amor.

18. Esta graça é uma luz sobrenatural, um dom especial de Deus; é propriamente o sinal dos eleitos e o penhor da salvação eterna: que levanta o homem das coisas terrenas ao amor dos bens celestiais, e de carnal o transforma em espiritual.

Por isso, quanto mais se reprime e vence a natureza, tanto maior graça nela se infunde; e cada dia, com estas novas visitas, se vai reformando o homem interior segundo a imagem de Deus.

Capítulo LV
A CORRUPÇÃO DA NATUREZA
E A EFICÁCIA DA GRAÇA DIVINA

1. A ALMA – Senhor, meu Deus, que me criastes à vossa imagem e semelhança, concedei-me esta graça que mostrastes tão excelente e necessária à salvação; que eu possa vencer a minha natureza corrompida, que me arrasta ao pecado e à perdição.

Porque sinto em minha carne a lei do pecado, que contraria a lei do meu espírito e me leva como escravo a obedecer em muitas coisas à sensualidade; e não posso resistir às paixões que em mim excitam, se não me assistir vossa santíssima graça, ardentemente infundida em meu coração.

2. Necessária é vossa graça e uma grande graça, para vencer a natureza inclinada ao mal desde a infância.

Porque decaída em Adão, o primeiro homem, e viciada pelo pecado, transmitiu-se a todos os homens a pena desta mancha, de sorte que esta mesma natureza, que Vós criastes na retidão e justiça, confunde-se agora com a fraqueza e desordem duma natureza corrupta, pois, deixados a si mesmos, seus movimentos a levam ao mal e às coisas terrenas.

A pouca força que lhe ficou é como uma centelha escondida debaixo da cinza. Esta centelha é a mesma razão natural, cercada de espessas trevas, sabendo ainda discernir o bem do mal, o verdadeiro do falso, mas sem força para cumprir o que aprova, e sem possuir a luz plena da verdade e a integridade dos seus afetos.

3. Daqui vem, meu Deus, que *me deleito em vossa lei, segundo o homem interior* (Rm 7,22), e reconheço que vossos mandamentos são bons, justos e santos, condenam todo o mal e mandam fugir do pecado.

Minha carne, porém, me traz escravizado à lei do pecado (Rm 7,25), obedecendo mais à sensualidade que à razão, *querendo o bem e não tendo força para praticá-lo* (Rm 7,18).

Assim acontece que frequentemente tomo muitas resoluções boas, mas faltando-me a graça para ajudar minha fraqueza, ao primeiro obstáculo, volto atrás e desanimo.

Pela mesma causa sucede que bem conheço o caminho da perfeição, e vejo claramente o que devo fazer; mas, oprimido pelo peso de minha própria corrupção, não me elevo ao mais perfeito.

4. Oh! Quão necessária me é, Senhor, vossa graça, para começar o bem, para o prosseguir e para o completar! Sem ela nada posso fazer; mas em Vós tudo posso, com o auxílio de vossa graça.

Ó graça verdadeiramente celestial, sem a qual nada valem os merecimentos próprios, e nenhum apreço merecem os dons naturais!

Nem as artes, nem as riquezas, nem a formosura, nem a força, nem o engenho, nem a eloquência têm valor algum diante de Vós, Senhor, sem a vossa graça.

Os dons da natureza são comuns aos bons e aos maus; mas a graça ou caridade é dom próprio dos eleitos: revestidos dela são julgados dignos da vida eterna.

Tal é a excelência desta graça, que nem o dom da profecia, nem o poder de operar milagres, nem a mais alta contemplação merecem alguma estima.

Nem ainda a fé, nem a esperança, nem as outras virtudes Vos são aceitas sem a caridade e a graça.

5. Ó graça beatíssima, que enriqueces de virtudes ao pobre de espírito, e ao rico de grandes bens fazes humilde de coração!

Vem, desce a meu peito, enche-me desde a manhã de tuas consolações, para que não desfaleça minha alma de cansaço e aridez.

Peço-vos, Senhor, instantemente, que eu ache graça a vossos olhos: pois vossa graça me basta, ainda que nada alcance do que a natureza deseja.

Por mais tentado e oprimido que seja de tribulações, nenhum mal temerei enquanto comigo estiver vossa graça. Ela é minha força, meu conselho e meu apoio. Muito mais poderosa que todos os inimigos, e muito mais sábia que todos os sábios.

6. A graça ensina a verdade, forma à disciplina, ilumina o coração, consola nas aflições, afugenta a tristeza, dissipa os temores, alimenta a devoção, faz brotar lágrimas.

Que sou eu sem ela, senão um lenho seco, tronco inútil que se lança fora?

Previna-me, pois, sempre, Senhor, e acompanhe-me a vossa graça e me torne continuamente atento à prática das boas obras, por Jesus Cristo, vosso Filho. Amém. (*Coleta do XVI Domingo depois de Pentecostes*).

Capítulo LVI
DEVEMOS RENUNCIAR A NÓS MESMOS E IMITAR A CRISTO PELA CRUZ

1. JESUS CRISTO – Filho, quanto mais conseguires sair de ti, tanto mais poderás chegar-te a Mim. Assim como o nada desejar de fora produz a paz interior, assim deixar-se internamente causa a união com Deus.

Quero que aprendas a perfeita renúncia de ti mesmo em minha vontade, sem relutância nem queixa. Segue-me: *Eu sou o caminho, a verdade e a vida* (Jo 14,6). Sem caminho, não se anda; sem verdade, não se conhece: sem vida, não se vive. Eu sou o caminho que deves seguir, a verdade que deves crer, a vida que deves esperar.

Eu sou caminho seguro, verdade infalível, vida interminável. Eu sou caminho retíssimo, verdade suma, vida verdadeira, vida bem-aventurada, vida incriada. Se permaneceres em meu caminho, conhecerás a verdade, e a verdade te livrará e alcançarás a vida eterna.

2. *Se queres entrar na vida, guarda os mandamentos* (Mt 19,17).

Se queres conhecer a verdade, crê em Mim.

Se queres ser perfeito, vende tudo (Mt 19,21).

Se queres ser meu discípulo, renuncia a ti mesmo.

Se queres possuir a vida bem-aventurada, despreza a vida presente. Se queres ser exaltado no céu, humilha-te na terra. Se queres reinar comigo, comigo carrega a cruz. Porque só os servos da cruz encontram o caminho da bem-aventurança e da luz verdadeira.

3. A ALMA – Senhor Jesus, se tão humilde foi vossa vida e desprezada do mundo, concedei-me que Vos imite, ainda que o mundo me despreze.

Pois não é melhor o servo que seu Senhor, nem o discípulo é superior ao mestre (Mt 10,24).

Exercite-se vosso servo na imitação da vossa vida, pois nela está minha salvação e a verdadeira santidade. Tudo o que fora dela leio ou ouço, não me consola nem satisfaz plenamente.

4. JESUS CRISTO – Filho, pois que sabes e leste todas estas coisas, bem-aventurado serás se as puseres em prática.

Quem conhece meus mandamentos e os guarda, esse é o que me ama; e eu o amarei e manifestar-me-ei a ele (Jo 14,21) e o farei assentar-se comigo no reino de meu Pai.

5. A ALMA – Senhor Jesus, faça-se segundo a vossa palavra e vossa promessa e possa eu merecê-lo. Recebi, sim, recebi de vossa mão a cruz; levá-la-ei, levá-la-ei até à morte como ma impusestes.

A vida do bom religioso é na verdade uma cruz; mas cruz que leva ao paraíso. Começado está o caminho; já não é permitido voltar atrás, nem convém deixá-lo.

6. Eia, irmãos, marchemos juntos: Jesus estará conosco. Por Jesus abraçamos esta cruz; por Jesus perseveremos nela.

Será nosso auxílio, Ele que é nosso chefe e guia. Eis, à nossa frente marcha o nosso Rei, que combaterá por nós.

Sigamo-lo com valor; ninguém se deixe vencer pelo temor; estejamos preparados a morrer generosamente nesta guerra, *e não manchemos nossa glória* (1Mc 9,10) desertando da cruz.

Capítulo LVII
NÃO DEVE O HOMEM DESANIMAR, QUANDO CAI EM ALGUMA FALTA

1. JESUS CRISTO – Filho, mais me agradam a paciência e a humildade nos reveses, que a muita alegria e fervor na prosperidade.

Por que te entristece qualquer coisinha que disseram contra ti? Fora maior ainda, não te devias alterar. Deixa-a passar; não é a primeira, nem novidade, nem será a última, se muito viveres. És muito valente quando nenhuma contrariedade te assalta.

Aconselhas bem aos outros, e sabes dar-lhes ânimo com tuas palavras, porém, quando assoma à tua porta alguma repentina tribulação, logo te falta conselho e valor.

Considera tua grande fragilidade, que experimentas a cada passo em pequenas ocasiões: todavia, é para tua salvação que essas coisas e outras semelhantes acontecem.

2. Afasta-as, quanto te for possível, do coração: e, se te atingirem, não te deixes abater ou embaraçar por muito tempo. Sofre ao menos com paciência, se não o podes com alegria.

Quando ouvires coisas que te não agradam, e te sentires indignado, reprime-te e não deixes sair de tua boca uma palavra descomedida que escandalize os fracos.

Bem depressa serenará o ânimo excitado; e a dor interna ficará mitigada com a volta da graça.

Eu ainda vivo, diz o Senhor, e sempre disposto a socorrer-te e consolar-te mais do que nunca, se em Mim puseres a tua confiança e me invocares com fervor.

3. Toma ânimo, e prepara-te para sofrimentos maiores. Ainda que te vejas muitas vezes atribulado e gravemente tentado, nem tudo está perdido.

És homem, e não Deus; carne, e não anjo. Como poderias permanecer sempre num mesmo estado de virtude, quando esta perseverança faltou ao Anjo no céu e ao primeiro homem no paraíso?

Sou Eu quem sustenta e livra aos que choram; e elevo até à minha divindade os que reconhecem a sua fraqueza.

4. A ALMA – Senhor, bendita seja vossa palavra, mais doce para a minha boca do que um favo de mel.

Que faria eu no meio de tantas tribulações e angústias, se me não confortásseis com as vossas santas palavras? Contanto que chegue afinal ao porto da salvação, que importa o que e o quanto tiver sofrido?

Dai-me um bom fim; dai-me um feliz trânsito deste mundo. Lembrai-vos de mim, Deus meu, e guiai-me pelo caminho direito ao vosso reino. Amém.

Capítulo LVIII
NÃO SE DEVEM PERSCRUTAR AS COISAS SUBLIMES E OS OCULTOS JUÍZOS DE DEUS

1. JESUS CRISTO – Filho, não discutas sobre matérias sublimes nem sobre os juízos ocultos de Deus: por que este é tão desamparado, enquanto aquele é elevado a tão grande graça...; por que este é tão oprimido, e aquele tão exaltado...

Estas coisas excedem a humana inteligência; e não há arrazoado nem discurso capaz de investigar os juízos de Deus.

Quando, pois, o inimigo te sugerir semelhantes questões, ou alguns homens propuserem-nas a ti, responde-lhes com o Profeta: *Sois justo, Senhor, e retos são os vossos juízos* (Sl 119,137).

Ou ainda: *Os juízos do Senhor são verdadeiros, e por si mesmos se justificam* (Sl 19,10).

Meus juízos hão de ser temidos, não examinados; porque são incompreensíveis ao entendimento humano.

2. Tampouco te ponhas a disputar sobre os merecimentos dos Santos, nem indagues se este é mais santo que aquele, ou qual é o maior no reino dos céus.

Estas indagações geram muitas vezes dissensões e contendas sem proveito; aumentam também a soberba e a vanglória, de onde nascem invejas e discórdias, quando este pretende soberbamente preferir um santo, aquele, outro.

Querer saber e investigar tais coisas, longe de produzir algum fruto, desagrada aos Santos: porque não sou eu Deus de discórdia, senão de paz, e a paz consiste mais na verdadeira humildade, que na própria exaltação.

3. Alguns, por zelo de amor, se afeiçoam mais vivamente a uns Santos que a outros; mas este afeto é mais humano que divino.

Sou Eu quem fez todos os Santos, Eu lhes dei a graça, Eu lhes outorguei a glória. Eu conheço os merecimentos de cada um deles: preveni-os com as bênçãos de minha doçura.

Conheci-os e amei-os antes de todos os séculos, escolhi-os do mundo, e não eles a Mim.

Chamei-os pela graça, atraí-os pela misericórdia, e conduzi-os por entre as diversas tentações. Enviei-lhes inefáveis consolações, dei-lhes a perseverança, e coroei-lhes a paciência.

4. Eu conheço a todos desde o primeiro até ao último; e a todos amo com inestimável amor. Eu devo ser louvado em todos os meus Santos; bendito sobre todas as coisas e honrado em cada um dos que exaltei a tanta glória e predestinei sem nenhum merecimento prévio de sua parte.

Aquele, pois, que desprezar o mais pequeno dos meus Santos, não honra tão pouco ao maior, porque eu fiz o pequeno e o grande.

E quem depreciar algum dos meus Santos, a mim deprecia e a todos os mais que estão no reino dos céus. Todos formam uma coisa só, pelo vínculo da caridade; têm o mesmo sentimento, a mesma vontade, e se amam todos com o mesmo amor.

5. E, o que ainda é mais sublime, amam-me mais a mim que a si mesmos e aos próprios merecimentos. Porque arrebatados acima de si mesmos e arrancados ao próprio amor, perdem-se inteiramente no meu e nele gozam um perfeito repouso.

Não há coisa que os possa desviar nem deprimir; porque cheios da eterna verdade, ardem no fogo da caridade inextinguível.

Cessem, pois, de disputar do estado dos Santos os homens carnais e sensuais, que não sabem amar senão seus gozos particulares. Tiram e acrescentam conforme a sua inclinação, e não conforme apraz à eterna Verdade.

6. Em muitos é ignorância, principalmente naqueles que, pouco esclarecidos, raras vezes são capazes de amar alguém com perfeito amor espiritual.

Uma afeição que tem ainda muito de natural e uma amizade toda humana os atrai para tal ou tal Santo; e assim imaginam as coisas do céu como o fazem com as da terra.

Mas dá-se grandíssima diferença entre o que pensam os homens imperfeitos, e o que conhecem os homens iluminados pela revelação divina.

7. Guarda-te, pois, filho, de discorrer curiosamente sobre coisas que excedem a tua capacidade: trabalha antes com ardor e esforça-te por alcançar um lugar, ainda que seja o último, no Reino de Deus.

E quando alguém soubera qual é o mais Santo e o maior no reino do céu, de que lhe aproveitaria esse conhecimento, se dele não tirasse motivo para humilhar-se diante de Mim e render maiores louvores ao meu nome?

Muito agradável é a Deus o que pensa na gravidade de seus pecados e na pequenez de suas virtudes, e quão longe está da perfeição dos Santos, o que disputa sobre o grau mais ou menos elevado de sua glória.

Melhor é orar aos Santos com devotas preces e lágrimas, e implorar humildemente seu glorioso patrocínio, do que perscrutar com vã curiosidade os seus segredos.

8. Bem contentes ficariam eles, se os homens se soubessem moderar e reprimir seus vãos discursos.

Não se gloriam dos próprios merecimentos, porque não atribuem a si bem algum, mas tudo referem a Mim, que tudo lhes dei por minha caridade infinita.

Estão de tal sorte cheios de amor da Divindade, e de tal abundância de delícias, que nada falta à sua glória, nem pode faltar à sua felicidade.

Todos os Santos, quanto mais sublimados estão na glória, tanto mais humildes são em si mesmos; e mais perto de Mim se encontram e mais queridos se tornam.

Por isso está escrito que depunham suas coroas diante de Deus e se prostravam diante do Cordeiro, *e adoravam Aquele que vive pelos séculos dos séculos* (Ap 5,14).

9. Muitos perguntam quem é o maior no Reino de Deus, e não sabem se serão dignos de ser contados entre os menores.

Grande coisa é ser o menor no céu, onde todos são grandes: porque serão todos chamados e serão na realidade filhos de Deus.

O menor dos escolhidos será como o cabeça de um povo numeroso (Is 60,22), sendo que *o pecador, depois de uma longa vida, só achará a morte* (Is 65,20).

Assim quando os discípulos perguntaram quem seria o maior no reino dos céus, ouviram esta resposta: *Se não vos converterdes e tornardes como crianças, não entrareis no reino dos céus. Quem, pois, se humilhar como esta criança, esse será o maior no reino dos céus* (Mt 18,3-4).

10. Ai daqueles que se recusam humilhar-se espontaneamente com os pequeninos, porque baixa é a porta do céu, e não lhes dará entrada. Ai também dos ricos, que têm aqui as suas consolações; porque, quando entrarem os pobres no Reino de Deus, ficarão eles de fora a chorar.

Humildes, alegrai-vos; pobres, regozijai-vos; porque vosso é o Reino de Deus, contanto que trilheis o caminho da verdade.

Capítulo LIX
SÓ EM DEUS SE HÁ DE PÔR
TODA A ESPERANÇA E CONFIANÇA

1. A ALMA – Senhor, qual é a confiança que posso ter nesta vida? Ou qual é a minha maior consolação no meio de tantas coisas que se apresentam a meus olhos debaixo do céu?

Porventura não sois Vós, Senhor meu Deus, cuja misericórdia é infinita? Onde estive bem, sem Vós? Ou quando pude ir mal, estando Vós presente? Antes quero ser pobre por amor de Vós, que rico sem Vós.

Antes quero peregrinar convosco na terra, que possuir o céu sem Vós. Onde estais Vós, aí está o céu; e onde não estais, aí está a morte e o inferno. Sois Vós o meu desejo, e por isso me é forçoso seguir-Vos, gemendo, clamando e orando.

Enfim, em ninguém posso confiar plenamente para receber nas necessidades o auxílio oportuno, senão em Vós só, meu Deus! Vós sois a minha esperança; Vós a minha confiança; Vós o meu consolador e amigo fidelíssimo em todas as circunstâncias.

2. *Todos buscam o seu interesse* (Fl 2,21); Vós só buscais a minha salvação e o meu aproveitamento, e tudo dispondes para o meu bem.

Ainda quando me expondes a diversas tentações e adversidades, é sempre para meu proveito; pois de mil modos costumais provar os que Vos são caros.

E não Vos devo amar e louvar menos nestas provações, do que se me enchêsseis de consolações celestiais.

3. Em Vós, pois, Deus e Senhor meu, ponho toda a minha esperança e refúgio; em vossas mãos entrego todas

as minhas tribulações e angústias; porque fora de Vós vejo apenas fraqueza e instabilidade.

De nada me aproveitarão os muitos amigos, nem me poderão ajudar os poderosos protetores, nem dar uma resposta útil os prudentes conselheiros, nem consolar-me os livros dos sábios, nem tesouro nenhum resgatar-me, nem oferecer-me asilo seguro lugar algum, por mais oculto e agradável; se Vós mesmo Vos não dignardes assistir-me, ajudar-me, fortalecer-me e consolar-me, instruir-me e guardar-me.

4. Tudo o que parece conduzir-nos à posse da paz e da felicidade, nada é sem Vós, e realmente de nada serve para nos fazer felizes.

Sois, portanto, o fim de todos os bens, a plenitude da vida, o abismo da sabedoria; e a maior consolação de vossos servos é pôr em Vós, acima de tudo, a sua esperança.

Para Vós levantam-se meus olhos; em Vós confio, Deus meu, Pai das misericórdias.

5. Santificai minha alma e abençoai-a com a bênção do céu, para que seja vossa santa morada, trono de vossa eterna glória, e para que não haja neste templo, que Vos dignais habitar, coisa que ofenda os olhos de vossa majestade.

Olhai para mim, Senhor, em vossa imensa bondade e segundo a multidão de vossas misericórdias; ouvi a oração deste pobre servo, desterrado longe de Vós na região sombria da morte.

Protegei e conservai a alma de vosso pobre servo no meio dos perigos desta vida corruptível. Acompanhe-me a vossa graça e me guie pelo caminho da paz, à pátria da perpétua claridade. Assim seja.

LIVRO QUARTO

O SACRAMENTO DO ALTAR

DEVOTA EXORTAÇÃO À SAGRADA COMUNHÃO

VOZ DE CRISTO – *Vinde a mim todos os que sofreis e estais oprimidos, e eu vos aliviarei* (Mt 11,28), diz o Senhor.

O pão, que eu vos der, é minha carne para a vida do mundo (Jo 6,51).

Tomai e comei: isto é o meu corpo, que será entregue por vós. Fazei isto em memória de mim (Mt 26,26; 1Cor 11,26).

Quem come a minha carne e bebe o meu sangue, está em mim, e eu nele (Jo 6,56).

As palavras, que vos disse, são espírito e vida (Jo 6,63).

Capítulo I
COM QUE REVERÊNCIA SE DEVE RECEBER CRISTO

1. VOZ DO DISCÍPULO – Estas são palavras vossas, Jesus, Verdade eterna! Ainda que não proferidas na mesma ocasião nem escritas no mesmo lugar. E porque são vossas e verdadeiras, devo recebê-las todas com gratidão e fé.

São vossas, e Vós as pronunciastes; e também são minhas, porque as dissestes para a minha salvação. Com alegria recebo-as de vossa boca, para que mais profundamente se gravem em meu coração.

Animam-me palavras de tanta piedade, cheias de doçura e amor; mas por outra parte meus próprios pecados me aterrorizam, e a consciência impura me impede de penetrar tão altos mistérios.

A doçura de vossas palavras me atrai, mas a multidão de meus pecados me retém.

2. Ordenais que a Vós me chegue com confiança, se quero ter parte convosco; e que receba o alimento da imortalidade, se desejo alcançar vida e glória eterna. *Vinde, dizeis, vinde a mim todos os que sofreis e que estais oprimidos, e eu vos aliviarei* (Mt 11,28).

Oh! Doce e amável palavra aos ouvidos do pecador! Vós, Deus e Senhor meu, convidais ao pobre e ao mendigo à Comunhão de vosso santíssimo Corpo!

Mas quem sou eu, Senhor, para ousar chegar-me a Vós? Os céus dos céus não Vos podem conter, e Vós dizeis: *Vinde todos a Mim* (Mt 11,28)!

3. Que significa tão misericordiosa condescendência e tão amoroso convite? Como ousarei chegar-me a Vós, eu que não vejo em mim nada de bom em que me possa apoiar?

Como Vos farei entrar em minha casa, eu que tantas vezes ofendi vossa benigníssima presença? Os Anjos e Arcanjos Vos adoram tremendo; os Santos e justos penetram-se de temor, e Vós dizeis: *Vinde todos a Mim* (Mt 11,28)?

Quem o acreditaria, se Vós, Senhor, o não dissésseis? Quem se atreveria a chegar a Vós, se Vós mesmo o não mandásseis?

4. Noé, varão justo, trabalhou cem anos em fabricar a arca, para salvar-se nela com poucas pessoas; e como poderei eu, numa hora, preparar-me para receber com reverência ao Criador do mundo?

Moisés, vosso grande servo e especial amigo, fez uma arca de madeira incorruptível, e a guarneceu de ouro puríssimo, para nela pôr as tábuas da lei; e eu, criatura corrompida, ousarei receber-Vos tão facilmente a Vós, autor da Lei, dispensador da vida?

Salomão, o mais sábio dos reis de Israel, gastou sete anos em levantar um templo magnífico à glória do vosso nome. Celebrou, por espaço de oito dias, a festa de sua dedicação; ofereceu mil hóstias pacíficas e, ao som de trombetas e aclamações de alegria, colocou solenemente a Arca da Aliança no lugar que lhe fora preparado.

E eu infeliz, o mais pobre dos homens, como Vos introduzirei em minha morada, eu que mal sei empregar devotamente meia hora? E oxalá, ao menos uma vez, empregasse dignamente menos tempo ainda!...

5. Ó Deus meu, que não fizeram eles para agradar-Vos! Mas, ai de mim! Quão pouco é o que eu faço! Que breve tempo gasto em preparar-me para a Santa Comunhão!

Raras vezes totalmente recolhido; raríssimas vezes livre de toda distração.

Certamente, na salutar presença da vossa divindade não deveria ocorrer-me nenhum pensamento profano, nem preocupar-me criatura alguma: porque não vou hospedar a um Anjo, mas ao Senhor dos Anjos.

6. Além disto, que distância infinita entre a Arca do Testamento com suas relíquias, e vosso puríssimo Corpo com suas inefáveis virtudes; entre aqueles sacrifícios da lei antiga, figura dos vindouros, e o sacrifício verdadeiro de vosso Corpo, complemento de todos os sacrifícios antigos!

7. Por que me não abraso mais em vossa adorável presença? Por que me não preparo com maior cuidado para participar de vossos santos mistérios, quando aqueles antigos santos Patriarcas e Profetas, reis e príncipes, como todo o povo, demonstraram tanto zelo e devoção ao culto divino?

8. O devotíssimo rei Davi, cheio de entusiasmo, dançou diante da Arca de Deus, lembrando-se dos benefícios concedidos outrora a seus pais; fez diversos instrumentos de música, compôs salmos e ordenou se cantassem com alegria; e, inspirado pela graça do Espírito Santo, muitas vezes ele mesmo os cantou ao som de sua harpa; e ensinou aos filhos de Israel a louvar a Deus de todo o coração, a bendizê-lo e celebrá-lo todos os dias a uma só voz.

Se outrora a presença da Arca do Testamento inspirava tanta devoção e despertava a lembrança de louvar a Deus, quanta reverência e devoção não devo eu ter e todo o povo cristão, em presença do Sacramento, e ao receber o santíssimo Corpo de Cristo?

9. Muitos correm a diversos lugares para visitar as relíquias dos Santos, e se maravilham de ouvir seus feitos; contemplam a grandiosidade dos seus templos e beijam seus ossos sagrados envoltos em ouro e seda. E Vós estais aqui presente, diante de mim, no altar, ó Deus meu, Vós, o Santo dos Santos, o Criador dos homens e Senhor dos Anjos.

Muitas vezes vão os homens às igrejas, levados da curiosidade e de novidade das coisas que ainda não viram; e assim é que tiram muito pouco fruto de emenda, mormente quando se fazem estas excursões com leviandade e sem contrição verdadeira.

Mas aqui, no Sacramento do Altar, estais todo presente, meu Jesus Cristo, Deus e Homem; e todas as vezes que Vos recebemos digna e devotamente, colhemos em abundância os frutos da eterna salvação.

E a este Sacramento não nos atrai nenhuma leviandade, nem curiosidade ou atrativo dos sentidos; senão a fé robusta, a esperança devota e a caridade sincera.

10. Ó Deus invisível, Criador do mundo, como sois admirável no que fazeis por nós! Com que bondade e ternura tratais os vossos escolhidos, dando-Vos a Vós mesmo por alimento no Sacramento.

Isto na verdade transcende todo o entendimento; isto de modo especial cativa os corações piedosos e os abrasa de amor. Porque vossos verdadeiros fiéis, que toda a vida trabalham por emendar-se, recebem frequentemente neste augusto Sacramento grande graça de devoção e amor da virtude.

11. Ó graça admirável e oculta deste Sacramento, só conhecida dos fiéis de Cristo, que os infiéis e escravos do pecado não podem experimentar!

Este Sacramento confere graça espiritual, restitui à alma a força perdida, e a formosura que o pecado deformara.

Tal é, algumas vezes, o poder desta graça que, da plenitude de devoção por ela inspirada, não só a alma, senão ainda o corpo fraco sente ter recebido maiores forças.

12. Devemos, entretanto, sentir e chorar amargamente nossa tibieza e negligência, que fazem com que não sejamos arrastados a receber com maior fervor a Cristo, em que se apoia toda a esperança e o merecimento dos escolhidos. Porque Ele é nossa santificação e nosso resgate; Ele a consolação dos viadores e o gozo eterno dos Santos.

Quanto não é, pois, para chorar ver o pouco caso que muitos fazem deste salutar mistério, que é a alegria do céu e a salvação do mundo.

Ó cegueira e dureza do coração humano, que tão pouca atenção dá a este inefável dom e, pelo uso quotidiano, diminui-lhe a importância.

13. Se este sacratíssimo Sacramento se celebrasse num só lugar, e fosse consagrado por um só sacerdote em todo o mundo, com que ânsia não acudiriam os homens àquele lugar e àquele sacerdote de Deus para vê-lo celebrar os divinos mistérios!

Mas agora há muitos sacerdotes, e Cristo se oferece em muitos lugares, para que tanto mais resplandeça a graça e o amor de Deus aos homens, quanto a Sagrada Comunhão é mais liberalmente difundida pelo mundo.

Graças vos sejam dadas, bom Jesus. Pastor eterno, que em nosso degredo e pobreza vos dignastes alimentar-nos com vosso precioso Corpo e Sangue; e também convidar-nos com palavras de vossa própria boca a receber estes mistérios, dizendo: *Vinde a mim todos os que sofreis e estais oprimidos, e eu vos aliviarei* (Mt 11,28).

Capítulo II
DEUS MANIFESTA AO HOMEM SUA BONDADE E SEU AMOR NO SACRAMENTO DA EUCARISTIA

1. VOZ DO DISCÍPULO – Senhor, confiado em vossa bondade e grande misericórdia, chego-me como enfermo ao Salvador, como faminto e sequioso à fonte da vida; como pobre, ao Rei do céu; como escravo, ao Senhor; como criatura, ao Criador; como aflito, a meu piedoso Consolador.

Mas donde me vem a graça de virdes a mim? Quem sou eu, para que Vós mesmo Vos deis a mim? Como se atreve o pecador a aparecer em vossa presença? E Vós Vos dignais chegar a um pecador?

Conheceis vosso servo e sabeis que nele não há bem algum que mereça esta graça. Confesso, pois, minha vileza, reconheço vossa bondade, louvo vossa piedade e Vos dou graças por vossa excessiva caridade.

Por Vós mesmo e não por meus merecimentos assim fazeis; para dar-me a conhecer melhor vossa vontade; para que se me infunda maior caridade, e aprenda a humilhar-se mais perfeitamente.

E, pois que Vos agrada, e assim mandastes se fizesse, recebo com alegria a graça que vos dignais fazer-me. Oxalá não lhe ponha obstáculo minha maldade!

2. Ó dulcíssimo e benigníssimo Jesus, que reverência, que ações de graças, que louvores perpétuos não vos devemos, por nos haverdes dado vosso sacratíssimo Corpo, cuja dignidade não se encontra homem capaz de explicar!

Mas que posso eu pensar nesta Comunhão, ao chegar-me a meu Senhor, a quem não posso venerar devidamente, a quem desejo, contudo, receber dignamente?

Que pensamento melhor e mais salutar posso eu ter que humilhar-me totalmente na vossa presença e exaltar vossa infinita bondade sobre mim?

Eu Vos louvo, meu Deus, e Vos exalto eternamente. Eu me desprezo e me submeto a Vós no abismo de minha vileza.

3. Vós sois o Santo dos Santos, e eu a escória dos pecadores. E Vós Vos inclinais para mim, que não sou digno de erguer os olhos para Vós. E Vós vindes a mim, quereis estar comigo, convidais-me ao vosso banquete.

Quereis dar-me a comer um manjar celestial, o pão dos Anjos, que não é outra coisa senão Vós mesmo, o pão vivo que descestes do céu, e dais vida ao mundo.

4. Eis donde procede o amor, como resplandece a vossa misericórdia! Quantas graças e louvores vos são devidos por esses benefícios!

Oh! Quão saudável e proveitoso desígnio tivestes na instituição deste Sacramento! Quão suave e jucundo este banquete em que a Vós mesmo Vos dais por alimento!

Oh! Quão admirável são vossas obras, Senhor, quão grande o vosso poder! Quão inefável a vossa verdade! Falastes, e tudo foi feito; e não se fez senão o que Vós mandastes.

5. Coisa maravilhosa, digna de fé e acima de toda a inteligência humana: Vós Senhor, meu Deus, verdadeiro Deus e verdadeiro homem, estais todo inteiro sob as humildes espécies de pão e de vinho e, sem serdes consumido, servis de alimento a quem Vos recebe!

Soberano Senhor do mundo, Vós que, não tendo necessidade de ninguém, quisestes habitar entre nós por vosso Sacramento, conservai sem mancha minha alma e meu corpo, para que possa mais frequentemente celebrar vossos mistérios, com a alegria de uma consciência pura, e receber para minha salvação eterna o que instituístes e ordenastes principalmente para glória vossa e perene memorial.

6. Alegra-te, minha alma, e dá graças a Deus por um dom tão excelente e por tão singular consolação, que neste vale de lágrimas te deixou.

Todas as vezes que celebras este mistério, e recebes o Corpo de Cristo, representas a obra de tua redenção, e te fazes participante de todos os merecimentos de Cristo. Porque nunca diminui a caridade de Cristo, e jamais se esgota a sua infinita propiciação.

Por isso te deves preparar para este ato sempre com renovado fervor, e meditar atentamente o grande mistério da salvação.

Quando celebras o divino sacrifício ou a ele assistes, deve parecer-te tão grande, tão novo, tão agradável, como se nesse mesmo dia, Cristo, descendo pela primeira vez ao seio da Virgem, se fizesse homem, ou, pendente da cruz, sofresse e morresse pela salvação dos homens.

Capítulo III
A UTILIDADE DE COMUNGAR AMIÚDE

1. VOZ DO DISCÍPULO — Venho a Vós, Senhor, para gozar de vosso dom sagrado e regozijar-me em vosso santo banquete, *que na vossa ternura, meu Deus, preparastes para o pobre* (Sl 68,11).

Em Vós se acha quanto posso e devo desejar; Vós sois a minha salvação e redenção, esperança e fortaleza, honra e glória. *Alegrai, pois, hoje a alma de vosso servo, porque levantei minha alma a Vós, Senhor Jesus* (Sl 86,4).

Desejo nesta hora receber-Vos com amoroso respeito; desejo hospedar-Vos em minha casa, de maneira a merecer como Zaqueu ser por Vós abençoado e contado entre os filhos de Abraão. Minha alma anela por vosso Corpo; meu coração deseja unir-se a Vós.

2. Dai-Vos a mim, e isto me basta; porque fora de Vós nada me consola.

Não posso estar sem Vós, e se não vindes a mim não posso viver.

Por isso é-me necessário chegar-me muitas vezes a Vós e receber-Vos como o remédio de minha salvação, para que não venha a desfalecer no caminho, se for privado deste alimento celestial.

Isto mesmo nos ensinastes, misericordiosíssimo Jesus, quando, pregando aos povos e curando-os de suas diversas enfermidades, dissestes: *Não os quero despedir em jejum para que não lhes faltem as forças no caminho* (Mt 15,32).

Fazei assim comigo, Vós, que para consolação dos fiéis, vos deixastes ficar no Sacramento. Sois a suave refeição da alma, e quem Vos comer dignamente será participante e herdeiro da glória eterna.

Eu, que tantas vezes caio e peco, tão depressa arrefeço e desanimo, necessito verdadeiramente renovar-me, purificar-me, e alentar-me com oração e confissões frequentes, e com a recepção de vosso sagrado Corpo; não seja que, abstendo-me de comungar por muito tempo, venha a esfriar em meus santos propósitos.

3. Com efeito, todas as propensões do homem o inclinam para o mal desde a infância; e se não é socorrido desta divina medicina, para logo cai de mal em pior.

Assim é que a santa Comunhão aparta do mal e confirma no bem. E se agora sou tantas vezes negligente e tíbio, quando comungo ou celebro, que será se renunciasse ao remédio e não procurasse tão poderoso socorro?

E ainda que eu não esteja todos os dias preparado e bem-disposto para celebrar, terei, todavia, cuidado de frequentar em certos tempos os divinos mistérios, para fazer-me participante de tamanha graça.

Porque principal e única consolação da alma fiel, enquanto peregrina longe de Vós, é receber seu amado com coração devoto.

4. Ó admirável condescendência de vossa bondade para conosco! Vós, Senhor Deus, que dais o ser e a vida a todos os espíritos, Vos dignais vir a uma pobre alma e saciar-lhe a fome com toda a vossa divindade e humanidade!

Feliz coração, ditosa alma que merece dignamente receber-Vos a Vós, seu Senhor e seu Deus, e sentir-se inundada da alegria espiritual da vossa presença!

Oh! Como é grande o Senhor que recebe, como é amável o hóspede que acolhe, como é agradável o companheiro que admite, como é fiel o amigo que lhe entra em casa, como é formoso e nobre o esposo que abraça, digno de ser amado acima de tudo quanto se pode amar e desejar!

Emudeçam em vossa presença, meu dulcíssimo amado, o céu e a terra com todos os seus ornatos, porque tudo quanto têm de louvável e belo, de vossa liberalidade o receberam, e nunca poderão chegar à glória de vosso Nome, pois *vossa sabedoria é infinita* (Sl 147,5).

Capítulo IV
AS GRAÇAS ABUNDANTES QUE RECEBEM OS QUE COMUNGAM DEVOTAMENTE

1. VOZ DO DISCÍPULO – Senhor, meu Deus, preveni o vosso servo *com as bênçãos de vossa doçura* (Sl 21,4), para que mereça chegar digna e devotamente ao vosso augusto Sacramento.

Atraí meu coração a Vós, e tirai-me deste profundo entorpecimento. *Visitai-me com a vossa graça salutar* (Sl 106,4), para que possa gozar interiormente vossa suavidade oculta em sua plenitude neste Sacramento, como em sua fonte.

Iluminai também os meus olhos, para contemplar tão grande mistério, e dai-me forças para crê-lo com firmíssima fé. É obra vossa; não de poder humano; sagrada instituição vossa, não invenção dos homens.

Ninguém pode por si mesmo alcançar e entender o que transcende até as angélicas inteligências. Como poderei eu, indigno pecador, pó e cinza, investigar e compreender tão profundo e santo mistério?

2. Senhor, na singeleza de meu coração, com fé sincera e firme, e por mandato vosso, chego a Vós cheio de confiança e respeito; e creio verdadeiramente que estais aqui presente neste Sacramento, como Deus e como Homem.

Pois quereis que Vos receba e me una convosco em caridade. Suplico, por isso, à vossa clemência, e Vos peço neste momento uma graça particular: que me desfaça inteiramente em Vós e transborde de amor, e não me preocupe mais com nenhuma outra consolação.

Porque este altíssimo e diviníssimo Sacramento é a saúde da alma e do corpo, o remédio de toda enfermidade espiritual. Cura os vícios, reprime as paixões, vence as tentações ou as enfraquece, aumenta a graça, corrobora a virtude nascente, confirma a fé, fortalece a esperança, inflama e dilata a caridade.

3. Que inumeráveis bens não tendes concedido, e não concedeis ainda todos os dias, neste Sacramento, aos que amais e que Vos recebem com fervor, ó Deus meu, amparo de minha alma, reparador da humana fraqueza, e fonte de toda consolação interior!

Vós os consolais largamente em suas tribulações diversas; de seu profundo abatimento os levantais pela esperança de vossa proteção; com uma graça nova, os reanimais e iluminais interiormente; assim, os que se sentiam inquietos e tíbios antes da Comunhão, se acham outros depois que se nutriram desta vianda e bebida celestial.

Assim procedeis para com vossos escolhidos, para que verdadeiramente conheçam e experimentem com evidência toda a fraqueza que lhes é própria, e tudo o que recebem de vossa graça e de vossa bondade. Porque por si mesmos frios, duros e insensíveis, tornam-se por vossa graça fervorosos, solícitos e piedosos.

Quem na verdade se aproxima humildemente da fonte de suavidade, e dela não volta com alguma doçura? Ou quem, estando perto de um grande fogo, não recebe dele algum calor? Vós sois a fonte sempre cheia e superabundante, o fogo que arde sempre e nunca se apaga.

4. Se, pois, me não é dado haurir água da abundância desta fonte e beber até saciar-me, ao menos chegarei meus lábios à boca da celeste mina, para beber uma gotinha que seja, que me refrigere a sede, e não morra de secura.

E se não posso ser todo celestial, e tão abrasado como os Querubins e Serafins, trabalharei por aplicar-me à piedade e preparar o meu coração; a fim de que, recebendo humildemente este Sacramento de vida, sinta ao menos em mim alguma faísca de seu divino incêndio.

Tudo o que me falta, bom Jesus, Salvador Santíssimo, supri-o Vós, benigna e graciosamente, já que Vos dignastes chamar-nos todos a Vós, dizendo: *Vinde a mim, todos os que sofreis e estais cansados; e eu vos aliviarei* (Mt 11,28).

5. Trabalho com o suor de meu rosto, a dor angustia-me o coração; estou carregado de pecados; agitam-me as tentações, envolvem-me e oprimem-me muitas paixões, e *não há quem me valha* (Sl 22,12), não há quem me livre e salve,

senão Vós, Senhor meu Deus e meu Salvador, a quem me entrego com tudo o que é meu, para que me guardeis e leveis à vida eterna.

Recebei-me para louvor e glória de vosso nome, já que para mim preparastes vosso Corpo como alimento, e vosso Sangue como bebida.

Concedei me, Senhor Deus, Salvador meu, que cresça em mim o fervor da devoção com a frequência deste mistério.

Capítulo V
A DIGNIDADE DO SACRAMENTO E O ESTADO SACERDOTAL

1. VOZ DO SALVADOR — Ainda que tivesses a pureza dos Anjos e a santidade de João Batista, não serias digno de receber nem de tocar este Sacramento.

Porque não são os merecimentos do homem que lhe dão o direito de consagrar e tocar o Sacramento de Cristo e alimentar-se com o pão dos Anjos.

Grande mistério e sublime dignidade dos sacerdotes, aos quais é dado o que aos Anjos não é concedido!

Pois só os sacerdotes, validamente ordenados na Igreja, têm o poder de celebrar e consagrar o Corpo de Cristo.

O sacerdote é o ministro de Deus; serve-se de suas palavras por ordem e instituição divina; mas Deus, a cuja vontade tudo está sujeito, e a cujo aceno tudo obedece, é aqui o principal autor que opera invisivelmente.

2. Assim, pois, neste augusto Sacramento, deves crer mais na onipotência de Deus que em teus próprios sentidos ou em qualquer aparência visível.

E por isso deves aproximar-te deste mistério com temor e reverência. Olha para ti, e para Aquele, cujo mistério te foi confiado pela imposição das mãos do Bispo.

Foste ordenado sacerdote e consagrado para celebrar: cuida, pois, em oferecer a Deus este sacrifício com fervor e devoção, em tempo oportuno, e em levar vida irrepreensível. Não tornaste mais leve o teu fardo, antes te ligaste com mais estreito vínculo de disciplina e te obrigaste a maior perfeição de santidade.

O sacerdote deve ser ornado de todas as virtudes, e dar aos outros exemplo de santa vida. Seus costumes não hão de parecer-se aos dos homens vulgares e comuns, senão aos dos Anjos no céu, ou dos varões perfeitos na terra.

3. O sacerdote revestido das vestes sagradas faz as vezes de Cristo, para rogar devota e humildemente a Deus por si e por todo o povo. Tem o sinal da cruz do Senhor no peito e nas costas, para que traga sempre na memória a paixão de Cristo.

Diante de si na casula traz a cruz, para que considere atentamente as pisadas de Cristo, e se anime a segui-lo com fervor. Nas costas traz o sinal da cruz, para que tolere com paciência por Deus qualquer injúria que outrem lhe fizer.

Leva a cruz diante para que chore seus pecados; e atrás para chorar por compaixão os alheios, e para que saiba que é constituído medianeiro entre Deus e o pecador, e não cesse de orar nem de oferecer o santo Sacrifício até que mereça alcançar graça e misericórdia.

O sacerdote, quando celebra, honra a Deus, alegra os Anjos, edifica a Igreja, auxilia os vivos, sufraga os mortos e torna-se participante de todos os bens.

Capítulo VI
PERGUNTA PREPARATÓRIA À COMUNHÃO

1. VOZ DO DISCÍPULO – Senhor, quando penso em vossa dignidade e em minha vileza, sinto-me tomado de pavor e confusão. Porque se não me chego a Vós, fujo da vida; e se me chego indignamente, incorro em ofensa. Que farei, pois, meu Deus, meu protetor, meu conselheiro nas necessidades?

2. Mostrai-me o caminho reto, ensinai-me um breve exercício, conveniente à sagrada Comunhão. Pois é útil saber com que fervor e reverência devo preparar meu coração para receber com fruto o vosso Sacramento, ou para celebrar tão grande e divino sacrifício.

Capítulo VII
O EXAME DE CONSCIÊNCIA
E O PROPÓSITO DE EMENDA

1. VOZ DO SALVADOR – Acima de tudo deve o sacerdote de Deus dispor-se para celebrar, tocar e receber este Sacramento com profunda humildade de coração e devota reverência, com fé plena e piedosa intenção de honrar a Deus.

Examina diligentemente tua consciência e, na medida de tuas forças, purifica-a e orna-a com verdadeira dor e humilde confissão; de maneira que nada tenhas ou conheças de grave, que te cause remorso e impeça de chegar-te livremente a Mim.

Arrepende-te de todos os teus pecados em geral, e pelas faltas diárias dói-te e geme mais particularmente. E, se o tempo o permite, confessa a Deus, no segredo de teu coração, todas as misérias de tuas paixões.

2. Geme e chora por seres ainda tão carnal e mundano, tão pouco mortificado nas paixões, tão agitado por movimentos de concupiscência. Tão negligente na guarda dos sentidos exteriores, tantas vezes envolto em vãs imaginações; tão inclinado às coisas exteriores e tão descuidado das interiores; tão fácil ao riso e à dissipação, tão duro às lágrimas e à compunção; tão pronto ao relaxamento e à moleza, tão indolente para a austeridade e o fervor; tão curioso de ouvir

novidades e ver coisas formosas, tão remisso em abraçar as humildes e desprezadas; tão cobiçoso de possuir muito, tão parco em dar e avarento em reter; tão inconsiderado em falar, tão insofrido em calar; tão descomposto nos costumes, tão indiscreto nas ações; tão intemperante no comer, tão surdo à palavra de Deus; tão pronto para o descanso, tão preguiçoso para o trabalho; tão desperto para as frivolidades, tão sonolento para as sagradas vigílias; tão impaciente por chegar ao fim, e tão vago na atenção; tão negligente em rezar o ofício divino; tão tíbio em celebrar a Missa, tão árido na Comunhão; tão depressa distraído, tão raras vezes plenamente recolhido; tão pronto a irritar-se, tão fácil em magoar os outros; tão precipitado em julgar, tão rigoroso em repreender; tão alegre na prosperidade, tão abatido na desgraça; tão fecundo em bons propósitos e tão estéril em pô-los por obra.

3. Depois de teres confessado e chorado com arrependimento e grande pesar de tua fraqueza estes e outros defeitos teus, propõe firmemente emendar sempre a tua vida e progredir na virtude.

Oferece-te em seguida com inteira resignação e sem reserva alguma, no altar de teu coração, como perpétuo holocausto, em honra de meu nome, entregando inteiramente a Mim o teu corpo e a tua alma, para alcançares assim a graça de celebrar dignamente o santo Sacrifício, e receber com fruto o Sacramento de meu Corpo.

4. Pois não há oferenda mais meritória, nem maior satisfação para apagar os pecados, do que oferecer-se pura e inteiramente a Deus, na Missa e na Comunhão, juntamente com a oblação do Corpo de Cristo.

Se o homem fizer o que está em suas mãos e se arrepender sinceramente todas as vezes que vier pedir-me perdão e misericórdia, *juro pela minha vida, diz o Senhor, eu que não quero a morte do pecador, senão que se converta e viva* (Ez 33,11), que não me lembrarei mais de seus pecados, e todos lhe serão perdoados.

Capítulo VIII
O OFERECIMENTO DE CRISTO NA CRUZ E O DOM DE SI

1. VOZ DO SALVADOR – Assim como Eu me ofereci voluntariamente por teus pecados a meu Pai, com as mãos estendidas na cruz e o corpo nu, de modo que nada me ficou que não oferecesse em sacrifício para reconciliar-te com Deus; assim deves tu também cada dia, no sacrifício da Missa, oferecer-te a Mim, como uma hóstia pura e santa, com todas as tuas forças e afetos e quanto mais intimamente puderes.

Que outra coisa quero de ti, senão que te entregues a Mim sem reserva? O que fora de ti me deres, para Mim não tem valor; porque não quero os teus dons, senão a ti mesmo.

2. Assim como sem Mim não te bastariam todas as coisas, assim também não pode agradar-me quanto sem ti me ofereceres. Oferece-te a Mim e entrega-te todo por amor de Deus, e a tua oblação me será aceita.

Olha como eu me ofereci todo a meu Pai por ti; e também te dei todo o meu Corpo e o meu Sangue em alimento, para ser todo teu, e tu seres todo meu.

Porém, se estás apegado a ti mesmo e não te entregas espontaneamente à minha vontade, não é inteira a oferenda nem será perfeita a união entre nós.

Por isso a todas as tuas obras deve preceder o oferecimento voluntário de ti mesmo nas mãos de Deus, se queres alcançar graça e liberdade.

Poucos são iluminados e livres inteiramente, porque poucos sabem de todo renunciar a si mesmos.

É imutável a minha sentença: *Quem não renunciar a quanto possui não pode ser meu discípulo* (Lc 14,33). Se queres, pois, ser meu discípulo, oferece-te a Mim com todos os teus afetos.

Capítulo IX
DEVEMO-NOS OFERECER A DEUS COM TUDO O QUE É NOSSO E ORAR POR TODOS

1. VOZ DO DISCÍPULO – Senhor, vosso é tudo o que há no céu e na terra. Desejo dar-me todo a Vós, em oblação espontânea, e permanecer vosso para sempre.

Na singeleza de meu coração, ofereço-me hoje a Vós, Senhor, como servo perpétuo, em homenagem e sacrifício de louvor perene.

Aceitai-me com a santa oblação de vosso precioso Corpo, que Vos ofereço hoje em presença dos Anjos, que a ele invisivelmente assistem: para salvação minha e de todo o vosso povo.

2. Senhor, ofereço-Vos sobre o altar de vossa propiciação todos os meus pecados e delitos, que cometi em vossa presença e na de vossos Santos Anjos, desde o dia em que pela primeira vez pude pecar até hoje; para que os abraseis todos juntos e os queimeis com o fogo de vossa caridade, apagueis todas as manchas de meus crimes e me purifiqueis a consciência de todas as faltas, e me restituais vossa graça que perdi pelo pecado, perdoando-me plenamente e recebendo-me misericordioso no ósculo da paz.

3. Que posso eu fazer para expiar os meus pecados, senão confessá-los e deplorá-los humildemente, e implorar

continuamente vossa misericórdia? Suplico-Vos, meu Deus, ouvi-me propício, aqui, onde estou, em vossa presença.

Detesto deveras todos os meus pecados; não quero nunca mais cometê-los; deles me arrependo e me arrependerei enquanto viver, disposto a fazer penitência e satisfazer na medida de minhas forças.

Perdoai-me, Senhor, perdoai-me os meus pecados por vosso santo nome! Salvai a minha alma, que remistes com o vosso precioso Sangue. Entrego-me à vossa misericórdia, e confio-me às vossas mãos: tratai-me segundo a vossa bondade, e não segundo a minha malícia e iniquidade.

4. Também Vos ofereço, Senhor, todas as minhas boas obras, ainda que poucas e imperfeitas, para que as emendeis e santifiqueis; para que Vos agradem e sejam aceitas, e as torneis cada vez melhores; e a mim, o mais inútil, remisso, e o último dos homens, me leveis a um santo e venturoso fim.

5. Também Vos ofereço todos os bons desejos das almas piedosas, as necessidades de meus parentes, amigos, irmãos, irmãs, e de todos os que me são caros, de quantos me fizeram bem a mim e a outros, por vosso amor, e de todos os que me encomendaram e pediram orações e Missas por si e por todos os seus, vivos e defuntos.

Para que todos sintam a ajuda de vossa graça, o auxílio de vossa consolação, a proteção nos perigos, a libertação das penas, para que, livres de todos os males, Vos deem, com alegria, infinitas graças.

6. Ofereço-vos enfim minhas orações e o Sacrifício de propiciação, especialmente pelos que de qualquer modo me lesaram, afligiram, censuraram ou ocasionaram qualquer prejuízo ou gravame; e por todos a quem eu mesmo contristei, molestei, prejudiquei e escandalizei, por palavras e obras, por ignorância ou advertidamente; para que a todos nos perdoeis os nossos pecados e ofensas recíprocas.

Apartai, Senhor, de nossos corações toda suspeita, indignação, ira e disputa, e quanto possa ferir a caridade e diminuir o amor do próximo.

Compadecei-Vos, Senhor, compadecei-Vos dos que imploram a vossa misericórdia; dai a vossa graça aos que dela necessitam: e fazei que sejamos dignos de gozar de vossos dons, e alcancemos depois a vida eterna. Assim seja.

Capítulo X
NÃO SE DEVE DEIXAR A SAGRADA COMUNHÃO SEM CAUSA LEGÍTIMA

1. VOZ DO SALVADOR – Deves recorrer com frequência à fonte da graça e da misericórdia divina, à fonte da bondade e de toda a pureza, para que possas sarar de tuas paixões e vícios, e mereças tornar-te mais forte e mais vigilante contra todas as tentações e ciladas do demônio.

Conhecendo o inimigo o fruto e o supremo remédio que se encontra na santa Comunhão, esforça-se, em toda ocasião e por todos os meios, por apartar e desviar dela, quanto pode, as almas fiéis e devotas.

2. Assim é que padecem alguns as piores investidas do demônio, quando pensam em preparar-se para a santa Comunhão.

Este espírito maligno mete-se entre os filhos de Deus, como está escrito no livro de Jó, para perturbá-los com sua costumada malícia, ou para fazê-los excessivamente tímidos ou escrupulosos, e deste modo esfriar sua devoção, ou tirar-lhes a fé; e assim consegue que deixem de todo a Comunhão ou a ela se cheguem com tibieza.

Mas não devemos inquietar-nos de suas astúcias e sugestões, por mais torpes e horrendas que sejam; antes atirar-lhe em rosto com todas as suas abomináveis imaginações.

Havemos de rir com desprezo deste miserável, e não deixar nunca a sagrada Comunhão por causa de seus assaltos e turbações que em nós excita.

3. Muitas vezes também nos apartamos da Comunhão pela demasiada preocupação de sentir fervor, e por certa inquietação relativa à Confissão.

Guia-te pelo conselho de pessoas prudentes, e põe de lado a ansiedade e o escrúpulo: porque são um obstáculo à graça de Deus e matam a piedade.

Não te prives da sagrada Comunhão por alguma pequena tribulação ou peso de consciência; mas vai logo confessar-te, e perdoa generosamente as ofensas recebidas. e se ofendeste alguém, pede-lhe perdão com humildade, e Deus te perdoará também de boa vontade.

4. De que serve retardar muito a Confissão ou diferir a sagrada Comunhão? Purifica-te quanto antes, vomita a toda pressa o veneno da culpa; toma sem demora o remédio, e te acharás melhor que se o diferisses por muito tempo.

Se hoje deixares de comungar por uma razão, talvez amanhã se apresente outra maior: e assim te irás afastando cada vez mais da Comunhão, e te sentirás menos disposto. Sacode o mais depressa possível este peso e preguiça; porque de que serve andar sempre ansioso, sempre atribulado, e, pelos obstáculos de cada dia, privar-se dos divinos mistérios?

Pelo contrário, não há coisa mais nociva, do que adiar a Comunhão por muito tempo; pois que esta demora ocasiona de ordinário à alma profundo torpor.

Que tristeza! Cristãos há tão tíbios e frouxos, que gostam de espaçar a Confissão e, portanto, retardar a sagrada Comunhão, para não se verem obrigados a maior vigilância sobre si mesmos.

5. Oh! Quão pouco amor e fraca devoção têm os que tão facilmente deixam a Sagrada Comunhão! Como é feliz e agradável a Deus aquele que vive tão bem e conserva sua

consciência tão pura, que estaria preparado e desejaria comungar todos os dias, se lhe fosse permitido, e o pudesse fazer sem causar estranheza!

Se alguém uma vez ou outra deixa de comungar, por humildade ou por outra razão legítima que o impede, é digno de louvor pela reverência que demonstra. Se, porém, se lhe vai insinuando a tibieza, deve logo estimular-se e fazer o que está em suas mãos: e o Senhor, que considera especialmente a boa vontade, favorecerá seus desejos.

6. Mas quando estiver legitimamente impedido, conserve sempre a boa vontade e a santa intenção de comungar; e assim não ficará privado do fruto do Sacramento.

Pode, na verdade, todo fiel chegar-se, em qualquer dia e hora, à Comunhão espiritual de Cristo, lícita e frutuosamente. Deverá, porém, em certos dias e no tempo marcado, receber sacramentalmente, com afeto e reverência, o Corpo de seu Redentor, buscando nisso mais a honra e a glória de Deus que a própria consolação.

Porque tantas vezes comunga misticamente e se alimenta invisivelmente de Jesus Cristo, quantas medita piedosamente nos mistérios de sua encarnação e paixão, e se abrasa em seu amor.

7. Quem se não prepara para comungar, senão por ocasião de alguma festa, ou porque o costume o obriga, quase nunca se achará bem preparado.

Feliz aquele que se oferece ao Senhor em holocausto todas as vezes que celebra ou comunga.

Não sejas nem vagaroso nem apressado em celebrar; mas conforma-te com o uso ordinário e regular daqueles com quem vives. Não deves causar aos outros moléstia nem enfado, mas ir pelo caminho ordinário traçado pelos nossos maiores, e atender mais ao aproveitamento dos outros que à tua própria devoção e afeto.

Capítulo XI
O CORPO DE CRISTO E A SAGRADA ESCRITURA SÃO DE GRANDE NECESSIDADE À ALMA FIEL

1. VOZ DO DISCÍPULO – Dulcíssimo Senhor Jesus, que delícias inundam a alma fiel admitida ao vosso banquete, onde não lhe é dado a comer outro alimento, senão Vós mesmo, seu único amado, aspiração suprema dos desejos de seu coração!

Doce me fora, na verdade, derramar em vossa presença copiosas lágrimas de sentido amor, e banhar com elas vossos pés como a piedosa Madalena.

Mas onde se achará uma devoção assim? Onde tão copiosa efusão de santas lágrimas?

Certamente o meu coração deveria abrasar-se todo e chorar de alegria diante de Vós e dos vossos Santos Anjos;

pois que no Sacramento Vos tenho verdadeiramente presente, embora oculto debaixo de outras espécies.

2. Meus olhos não poderiam suportar a vista do esplendor próprio da vossa divindade, e o mundo inteiro se esvaeceria ante o fulgor e a glória de vossa majestade. Condescendeis com minha fraqueza, quando Vos ocultais no Sacramento.

Eu possuo realmente e adoro Aquele a quem os Anjos adoram no céu; mas eu só o possuo por ora através da fé, eles claramente e sem véu. Devo contentar-me com a luz da verdadeira fé, e caminhar com ela, até que desponte o dia da claridade eterna, e se dissipem as sombras das figuras.

Quando vier o que é perfeito, cessará o uso dos Sacramentos, porque os bem-aventurados, na glória celestial, não necessitam de medicina sacramental.

Gozam sem-fim na presença de Deus, contemplando face a face a sua glória; e transformados, de claridade em claridade, nas profundezas divinas gozam do Verbo de Deus feito carne, como foi no princípio e será eternamente.

3. Ao lembrar-me destas maravilhas, até as mesmas consolações espirituais me causam fastio; porque, enquanto não vejo o meu Senhor no resplendor de sua glória, em nada estimo tudo o que neste mundo vejo e ouço.

Vós, meu Deus, sois testemunha de que nenhuma coisa me pode consolar, nem criatura alguma satisfazer, senão

Vós, meu Deus, a quem desejo comtemplar eternamente. Mas isto não é possível, enquanto viver neste corpo mortal. Por isso devo ter muita paciência, e sujeitar-me a Vós em todos os meus desejos.

Porque também, Senhor, vossos Santos que agora exultam convosco no reino dos céus, quando viviam neste mundo esperavam com grande fé e paciência a vinda de vossa glória.

Eu creio o que eles creram; espero o que eles esperaram; e confio que pela vossa graça chegarei aonde eles chegaram. Entretanto, caminharei à luz da fé, confortado com seus exemplos.

Os livros sagrados serão a minha consolação e o espelho da minha vida, e, acima de tudo, vosso Corpo santíssimo será meu remédio e meu refúgio.

4. Sinto que duas coisas me são absolutamente necessárias neste mundo, sem as quais não poderia suportar esta miserável vida. Preso no cárcere deste corpo, de duas coisas necessito: de alimento e de luz

Por isso destes a este pobre enfermo vossa sagrada Carne para alimento da alma e do corpo, e vossa palavra, para iluminar-lhe os passos.

Sem estas duas coisas não poderia eu viver bem; porque a Palavra de Deus é a luz da alma, e o vosso Sacramento o pão da vida.

Pode ainda comparar-se às duas mesas, colocadas a um e outro lado, no tesouro da santa Igreja.

Uma é a mesa do altar sagrado, sobre o qual está o pão, isto é, o precioso Corpo de Cristo.

A outra é a mesa da lei divina, que encerra a doutrina sagrada, ensina a verdadeira fé, e guia com segurança até o interior do véu onde está o Santo dos Santos.

5. Graças vos dou, Criador e Redentor dos homens, que, para manifestar a todo o mundo vossa caridade, preparastes um grande banquete, no qual nos ofereceis por alimento não o cordeiro simbólico, senão vosso santíssimo Corpo e Sangue.

Neste sagrado banquete, de que conosco participam os Santos Anjos, mas de cuja suavidade gozam mais vivamente, alegrais a todos os fiéis, inebriando-os com o cálice da salvação, que contém todas as delícias do paraíso.

6. Oh! Quão grande e honroso é o ministério dos sacerdotes, aos quais é dado consagrar com as palavras sagradas o Deus de majestade; bendizê-lo com seus lábios, tê-lo nas mãos, recebê-lo na própria boca e distribuí-lo aos outros!

Oh! Quão limpas devem ser as mãos, quão pura a boca, quão santo o corpo, quão imaculado o coração do sacerdote, para receber tantas vezes o Autor da pureza!

Da boca do sacerdote não deve sair palavra, que não seja santa, honesta e útil, pois tão frequentemente recebe o Sacramento de Cristo.

7. Sejam, pois, simples e castos os olhos, que tantas vezes contemplam o Corpo de Cristo. Sejam puras e levantadas ao céu as mãos, que tocam amiúde o Criador do céu e da terra.

Aos sacerdotes especialmente se diz na Lei: *Sede santos, porque Eu, o Senhor vosso Deus, sou santo* (Lv 19,2).

8. Ó Deus todo-poderoso! Ajude-nos vossa graça aos que assumimos o ministério sacerdotal, para que possamos servir-Vos digna e devotamente na pureza de uma boa consciência.

E se não podemos viver com tanta inocência como devemos, concedei-nos ao menos chorar sinceramente nossas faltas, e com espírito de humildade e firme propósito vos servir daqui em diante com mais fervor.

Capítulo XII
A GRANDE DILIGÊNCIA COM QUE SE DEVE PREPARAR QUEM VAI RECEBER CRISTO

1. VOZ DO SALVADOR – Eu sou amigo da pureza, e de Mim vem toda a santidade.

Busco o coração puro, e aí é o lugar do meu descanso. *Prepara-me um grande cenáculo e bem adornado* (Mc 14,15), e celebrarei em tua casa a Páscoa com meus discípulos.

Se queres que venha a ti, e fique contigo, purifica-te do fermento velho, e limpa a morada de teu coração.

Desterra tudo o que é mundano e o tumulto dos vícios. Pousa como *o passarinho, solitário sobre o telhado* (Sl 102,8), e pensa em teus pecados, na amargura de tua alma.

Pois um amigo prepara a seu amigo o melhor e o mais belo aposento, e assim lhe dá a conhecer com que carinho o recebe.

2. Sabe, porém, que não podes por teus próprios esforços preparar-te dignamente, ainda que nisto empregues um ano inteiro sem outra coisa no pensamento.

Só por minha bondade e graça te é permitido chegar à minha mesa, como se um rico convidasse à sua mesa um mendigo, que não tivesse outra coisa para pagar este benefício senão humildade e agradecimento.

Faze, pois, o que está em ti, e faze-o com diligência. Recebe, não por costume ou constrangido mas com temor, reverência e amor, o Corpo de teu Deus e Senhor amado, que se digna vir a ti. Fui Eu que te chamei, Eu que te mandei vir; Eu suprirei o que te falta; vem e recebe-me.

3. Quando te concedo a graça da devoção agradece a teu Deus; não porque a tenhas merecido, senão porque tive misericórdia de ti.

Se não a possuis, antes sentes aridez, insiste na oração, geme, bate à minha porta, e não desistas até que mereças receber uma migalha ou uma gota da minha graça salutar. Tu precisas de Mim; e Eu não preciso de ti. Não és tu que vens santificar-me a Mim; sou Eu que venho a ti, para santificar-te e fazer-te melhor.

Tu vens, para seres santificado por Mim, e não desistas até que mereças receber uma graça nova e de novo te abrasares no ardor de tua emenda.

Não desprezes, pois, esta graça; mas prepara com toda a diligência o teu coração, e acolhe em ti o teu Amado.

4. Importa, porém, que não só antes da Comunhão te excites ao fervor, senão que o conserves com cuidado depois da recepção do Sacramento.

Nem é menos necessária depois a vigilância do que o é antes a devota preparação; porque o cuidado, que depois se tem, é por sua vez a melhor preparação para obter maior graça. E indispõe-se para ela a alma que logo se derrama em demasia nas consolações exteriores.

Guarda-te de falar muito, recolhe-te a algum lugar retirado, e goza de teu Deus. Tu possuis Aquele que o mundo inteiro não te pode roubar.

Sou Eu Aquele a quem te deves entregar sem reserva, de modo que, livre de todo o cuidado, não vivas mais em ti, senão em Mim.

Capítulo XIII
A ALMA DEVOTA DEVE DESEJAR DE TODO O CORAÇÃO UNIR-SE A CRISTO NA COMUNHÃO

1. VOZ DO DISCÍPULO – *Quem me dera*, Senhor, *achar-Vos a Vós só* (Ct 8,1), para Vos abrir todo o meu coração, e gozar de Vós como minha alma deseja: de modo que ninguém me despreze, nem criatura alguma me preocupe ou lance sobre mim os olhos, mas só Vós me faleis, e eu a Vós, como costuma um amado falar ao amado e um amigo sentar-se à mesa com seu amigo.

O que peço, o que desejo, é unir-me inteiramente a Vós, desviar meu coração de todas as coisas criadas, e, por meio da sagrada Comunhão e frequente celebração dos divinos mistérios, aprender a saborear as coisas celestes e eternas.

Senhor Deus, quando me verei de todo unido a Vós, e absorto em Vós e inteiramente esquecido de mim? Vós em mim, e eu em Vós; fazei que assim permaneçamos unidos.

2. Em verdade sois *meu amado, escolhido entre mil* (Ct 5,10), com Quem minha alma se compraz de habitar todos os dias de sua vida.

Sois o autor de minha paz: em Vós está a suprema paz e o verdadeiro descanso; fora de Vós tudo é trabalho, dor e miséria infinita.

Verdadeiramente sois o Deus escondido, não comunicais com os ímpios, mas vossa conversação é com os simples e humildes.

Oh! Quão suave é vosso espírito, Senhor! Pois, para manifestar a vossa doçura para com vossos filhos, Vos dignastes alimentá-los com o Pão suavíssimo descido do céu.

Na verdade, não há outra nação tão grande, que tenha deuses tão próximos de si, como Vós, Deus nosso (Dt 4,7), estais perto de vossos fiéis a quem, para quotidiano conforto, Vos dais como alimento e gozo, para que levantem seus corações aos céus.

3. Que povo haverá tão nobre que se possa comparar ao povo cristão? Que criatura haverá debaixo do céu tão amada, como a alma piedosa, a quem Deus se comunica para nutri-la de sua gloriosa Carne?

Ó inefável graça! Ó admirável condescendência! Ó amor infinito, singularmente reservado para o homem!

E que darei eu ao Senhor por esta graça, por tão exímia caridade?

Não poderei oferecer a meu Deus coisa mais grata, que dar-lhe sem reservas e unir-lhe intimamente o meu coração.

Quando minha alma estiver perfeitamente unida a Deus, então minhas entranhas exultarão de alegria!

Então me dirá Ele: Se tu queres estar comigo, Eu quero estar contigo. E eu lhe responderei: Dignai-vos, Senhor, permanecer comigo, desejo ardentemente estar convosco. Todo o meu desejo é que meu coração esteja unido a Vós.

Capítulo XIV
O DESEJO ARDENTE QUE ALGUMAS ALMAS SANTAS TÊM DE RECEBER O CORPO DE CRISTO

1. VOZ DO DISCÍPULO – *Como é grande, Senhor, a abundância de vossa doçura, que reservais aos que vos temem* (Sl 31,20).

Quando considero, Senhor, com que santo amor algumas almas santas se aproximam do vosso Sacramento, confundo-me muitas vezes, e me envergonho de mim mesmo, ao ver que me chego tão tíbio e tão frio ao vosso altar, e à mesa da sagrada Comunhão, ao ver que fico tão seco e sem ternura de coração; que não me sinto tão abrasado em vossa presença, ó meu Deus, atraído com tanto ardor e afeto como tantas santas almas, que, pelo intenso desejo da Comunhão e pelo amor sensível do seu coração, não podiam reprimir as lágrimas.

Das profundezas d'alma, com o coração e os lábios, suspiravam por Vós, ó meu Deus, fonte de água viva, não sabendo como saciar e mitigar a fome, senão recebendo o vosso Corpo com transportes de alegria e com avidez espiritual.

2. Oh! Fé verdadeira e ardente a dessas almas, prova evidente de vossa sagrada presença! Reconhecem na verdade o seu Senhor, no *partir do pão* (Lc 24,35), aquele cujo coração arde tão intensamente porque Jesus caminha com eles.

Longe está, muitas vezes, de mim tão terna afeição, amor tão veemente e tão fervoroso!

Sede-me propício, ó bom, ó doce, ó misericordioso Jesus! Concedei ao vosso mendigo a graça de sentir, ao menos alguma vez na sagrada Comunhão, um pouco da cordial suavidade de vosso amor, para que minha fé se fortaleça, cresça a esperança em vossa bondade, e, abrasada pelo gosto da celestial mansão, nunca em mim desfaleça a caridade.

3. Poderosa é a vossa misericórdia para conceder-me a graça que eu desejo, e visitar-me em vossa clemência, com o espírito de fervor, quando chegar o dia por Vós designado.

E ainda que eu não sinta os ardentes transportes dessas almas, que são tão perfeitamente vossas, contudo, por vossa graça, suspiro por este grande e inflamado desejo, implorando e almejando o favor de ser contado entre os que Vos amam com tanto fervor, e ser incluído em sua santa companhia.

Capítulo XV
A GRAÇA DA DEVOÇÃO SE ALCANÇA COM A HUMILDADE E A ABNEGAÇÃO DE SI MESMO

1. VOZ DO SALVADOR – Deves buscar com instância a graça da devoção, pedi-la com fervor, esperá-la com paciência e confiança, recebê-la com gratidão, guardá-la

com humildade, cooperar solicitamente com ela, e deixar a Deus o tempo e o modo da visita do alto, enquanto não vier.

Deves sobretudo humilhar-te quando sentires interiormente pouca ou nenhuma devoção; mas não te abatas em demasia, nem te entristeças desordenadamente.

Muitas vezes Deus concede, num breve instante, o que negou largo tempo; concede algumas vezes no fim da oração o que recusara dar no princípio.

2. Se a graça fosse dada sempre e sem demora e à medida dos nossos desejos, não seria isto conveniente à fraqueza humana.

Por isso deves esperar a graça da devoção, com firme confiança e humilde paciência. Quando não te for concedida, ou te for subtraída secretamente, deita a culpa a ti mesmo e a teus pecados.

Algumas vezes é bem pequena coisa o que impede e oculta a graça; se é que se pode chamar pequena e não grande o que priva de tão grande bem!

Se removeres este obstáculo, seja ele grande ou pequeno, e o venceres perfeitamente, terás o que pediste.

3. Porque logo que te entregares a Deus de todo o teu coração, sem buscares mais isto ou aquilo por teu próprio gosto ou capricho, mas de todo te puseres em suas mãos, te acharás recolhido e sossegado; porque

nada te será tão grato e agradável como o beneplácito da divina bondade.

Aquele, pois, que levantar sua intenção a Deus com simplicidade de coração e se despojar de todo amor ou aversão desordenada a qualquer coisa criada, está muito disposto a receber a graça, e digno do dom da devoção.

O Senhor lança sua bênção onde encontra vasos vazios. E quanto mais perfeitamente renunciar o homem às coisas terrenas, e estiver morto a si pelo desprezo de si mesmo, tanto mais depressa lhe virá a graça, mais copiosa o penetrará, e tanto mais alto eleva o coração já livre.

4. Então verá claro, viverá na abundância, encher-se-á de admiração e sentirá o seu coração dilatado, porque com ele estará a mão do Senhor, e ele mesmo se pôs inteiramente em suas mãos para sempre.

Desse modo será abençoado o homem que busca a Deus de todo o coração, e *cuja alma não se ocupa de coisas vãs* (Sl 24,4).

Este, ao receber a sagrada Eucaristia, merece a grande graça da união com Deus, porque não considera tanto a sua devoção e a sua consolação, como a honra e a glória de Deus, acima de toda devoção e consolação.

Capítulo XVI
DEVEMOS EXPOR A CRISTO AS NOSSAS NECESSIDADES E PEDIR-LHE A SUA GRAÇA

1. VOZ DO DISCÍPULO – Ó dulcíssimo e amantíssimo Senhor, a quem agora desejo receber devotamente, conheceis a minha fraqueza e as necessidades que padeço; sabeis em quantos males e vícios estou mergulhado, quão frequentemente me vejo oprimido e tentado, perturbado e manchado.

Venho a Vós em busca de remédio; de Vós imploro consolação e alívio. Falo a quem tudo sabe, a quem são manifestos todos os segredos de meu coração, e é o único que pode socorrer e perfeitamente consolar. Vós sabeis os bens de que mais preciso, e como sou pobre em virtudes.

2. Eis-me aqui diante de Vós, pobre e despido, pedindo graça, implorando misericórdia. Dai de comer ao vosso mendigo faminto; aquecei a minha frieza com o fogo de vosso amor; iluminai minha cegueira com a claridade de vossa presença.

Transformai-me em amargura tudo o que é terreno, em provas de paciência todas as penas e contrariedades, em objeto de desprezo e esquecimento todas as coisas vis e criadas.

Erguei meu coração para Vós no céu e não me deixeis andar errante pela terra. Desde hoje para sempre em Vós só encontre eu doçura: porque Vós só sois a minha comida e bebida, meu amor e minha alegria, minhas delícias e todo o meu bem.

3. Oxalá me abrasasse todo a vossa presença, me consumisse e transformasse em Vós, para que me tornasse um mesmo espírito convosco, pela graça da união interior e pela efusão de um ardente amor!

Não permitais que me afaste de Vós faminto e sequioso, mas usai para comigo da mesma misericórdia, que tantas vezes admiravelmente usastes com os vossos Santos.

Que maravilha se, unindo-me a Vós, me abrasasse e consumisse todo, sendo Vós fogo que sempre arde e nunca se extingue, o amor que purifica os corações e ilumina a inteligência!

Capítulo XVII
O ARDENTE AMOR E VEEMENTE DESEJO DE RECEBER CRISTO

1. VOZ DO DISCÍPULO – Com suma devoção e ardente amor, com todo o afeto e fervor do coração, desejo, Senhor, receber-Vos na Comunhão, como Vos desejaram muitos Santos e pessoas devotas, que Vos eram tão caras pela santidade da vida e viveram com grande fervor de piedade.

Ó meu Deus, Amor eterno, meu único bem, felicidade interminável! Desejo receber-Vos com o mais veemente fervor e a mais digna reverência que jamais teve santo algum nem pôde sentir.

2. E ainda que indigno de todos aqueles sentimentos de piedade, ofereço-Vos todo o afeto de meu coração, como se eu só estivesse animado de todos aqueles inflamados desejos que tanto Vos agradam.

E quanto pode conceber e desejar uma alma piedosa, tudo Vos apresento e ofereço com profundo acatamento e entranhável fervor. Nada desejo reservar para mim, mas, espontaneamente e de todo o coração, sacrificar-Vos a minha pessoa e tudo o que me pertence.

Senhor, meu Deus, Criador e Redentor meu, desejo receber-Vos hoje com tanto afeto, reverência, honra e louvor, com tanto reconhecimento, dignidade e amor, com tanta fé, esperança e pureza, como Vos recebeu e desejou vossa Mãe santíssima, a gloriosa Virgem Maria, quando, ao anunciar-lhe o Anjo o mistério da Encarnação, respondeu humilde e devotamente: *Eis aqui a escrava do Senhor; faça-se em mim segundo a vossa palavra* (Lc 1,38).

3. E como o vosso bem-aventurado precursor, João Batista, o maior dos Santos, quando ainda encerrado no ventre materno, exultou de alegria em vossa presença, cheio de gozo do Espírito Santo; e depois, vendo Jesus passar entre os homens, humilhando-se profundamente, dizia com terno amor: *O amigo do esposo, que está a seu lado e o ouve, se regozija muito ao ouvir a voz do esposo* (Jo 3,29); assim quisera eu estar

inflamado de grandes e santos desejos, e oferecer-me a Vós com todo o meu coração.

Por isso Vos ofereço e apresento as alegrias, os ardentes afetos e os êxtases, as ilustrações sobrenaturais e as celestes visões de todas as almas santas, com as virtudes e louvores que vos tributaram e tributarão todas as criaturas no céu e na terra, por mim e por todos os que se recomendaram às minhas orações, para que sejais por todos dignamente louvado e para sempre glorificado.

4. Recebei, Deus e Senhor meu, os meus votos, desejos de Vos louvar infinitamente e imensamente Vos bendizer, como requer a vossa inefável grandeza.

Eis o que Vos ofereço, e desejo oferecer-Vos cada dia e a cada momento, e convido e rogo, com instância e afeto, a todos os Espíritos celestiais e a todos os vossos fiéis servos, para que, unidos a mim, Vos louvem e agradeçam.

5. Louvem-Vos todos os povos, tribos e línguas e engrandeçam vosso santo e dulcíssimo Nome com sumo regozijo e ardente piedade.

Mereçam encontrar vossa graça e misericórdia todos os que com reverência e devoção celebram vosso altíssimo Sacramento, e com inteira fé o recebem; e roguem a Deus instantemente por mim pecador.

E quando houverem alcançado o almejado fervor e a união fruitiva e se retirarem da sagrada mesa celestial bem consolados e maravilhosamente saciados, hajam por bem lembrar-se de mim, que sou pobre.

Capítulo XVIII
O HOMEM NÃO DEVE SER UM CURIOSO PERSCRUTADOR DO SACRAMENTO, MAS HUMILDE IMITADOR DE CRISTO, SUJEITANDO SEU ENTENDIMENTO À SAGRADA FÉ

1. VOZ DO SALVADOR – Guarda-te da investigação curiosa e inútil acerca deste profundíssimo Sacramento, se não queres submergir num abismo de dúvidas. *O escrutador da majestade será oprimido pela glória* (Pr 25,27).

Mais pode Deus realizar do que o homem compreender. Não se proíbe a piedosa e humilde inquirição da verdade, disposta a se deixar instruir e preocupada com seguir a sã doutrina dos Santos Padres.

2. Bem-aventurada a simplicidade que deixa as veredas das questões difíceis, para caminhar na estrada plana e segura dos mandamentos de Deus.

Muitos perderam a piedade, por quererem esquadrinhar coisas superiores à sua inteligência.

De ti se exige fé e vida pura, e não sublimidade de inteligência ou profunda penetração dos mistérios de Deus.

Se não entendes nem alcanças o que está abaixo de ti, como compreenderás o que está acima?

Submete-te a Deus, curva à fé tua razão, e receberás a luz da ciência, segundo te for útil ou necessária.

3. Alguns padecem graves tentações contra a fé neste Sacramento; mas isto não se lhes deve imputar a eles, mas ao seu inimigo.

Não te preocupes, nem disputes com os teus pensamentos; nem respondas às dúvidas que o demônio te sugere; mas crê na palavra de Deus, crê nos seus Santos e Profetas e de ti fugirá o espírito do mal.

É muitas vezes de grande proveito ao servo de Deus padecer estas tentações. Pois o demônio não tenta aos infiéis e pecadores, porque já os tem seguros; mas tenta e atormenta de mil modos as almas fiéis e piedosas.

4. Vai, pois, com fé sincera e firme, e com humilde reverência achega-te ao Sacramento. E tudo o que não puderes compreender, encomenda-o confiantemente a Deus que tudo pode.

Deus não te engana; engana-se quem em si demasiadamente confia.

Deus anda com os simples, revela-se aos humildes, dá inteligência aos pequeninos, ilumina as almas puras, e aos curiosos e soberbos esconde sua graça.

A razão humana é fraca, e pode enganar-se; mas a verdadeira fé não pode ser enganada.

5. Todo raciocínio e investigação natural deve seguir a fé, não precedê-la ou impugná-la.

Porque a fé e o amor dominam aqui soberanos e, por vias misteriosas, operam neste santíssimo e augustíssimo Sacramento.

Deus eterno, imenso, e de poder infinito, opera no céu e na terra coisas grandes e incompreensíveis, e ninguém há que possa penetrar suas maravilhas.

Se as obras de Deus fossem tais que facilmente as pudesse compreender a razão humana, não poderiam dizer-se inefáveis nem maravilhosas.

ÍNDICE

Apresentação 3
Prefácio 5

Livro Primeiro
AVISOS ÚTEIS PARA A VIDA ESPIRITUAL 13
I – A imitação de Cristo e o desprezo
 de todas as vaidades do mundo 14
II – O humilde sentir de si mesmo 16
III – A doutrina da Verdade 18
IV – A prudência nas ações 21
V – A leitura das Sagradas Escrituras 22
VI – As afeições desordenadas 23
VII – Deve-se fugir à vã esperança e à soberba 24
VIII – Deve-se evitar a demasiada familiaridade 26
IX – Obediência e submissão 27
X – Deve-se evitar a demasia das palavras 28
XI – A conquista da paz e o zelo da perfeição 29
XII – A utilidade das adversidades 32
XIII – A resistência às tentações 33
XIV – Deve-se evitar o juízo temerário 37
XV – As obras que procedem da caridade 38

XVI – A tolerância dos defeitos alheios...................... 39
XVII – A vida monástica.. 41
XVIII – Os exemplos dos Santos Padres..................... 42
XIX – Os exercícios do bom religioso 45
XX – O amor da solidão e do silêncio........................ 48
XXI – A compunção do coração................................. 53
XXII – A consideração da miséria humana............... 56
XXIII – A meditação da morte.................................... 59
XXIV – O juízo e as penas dos pecadores 63
XXV – A fervorosa emenda de toda a nossa vida 68

Livro Segundo
EXORTAÇÕES À VIDA INTERIOR 75
I – A vida interior 76
II – A humilde submissão.. 80
III – O homem bom e pacífico................................... 81
IV – A pureza de espírito e a simplicidade
    de coração.. 83
V – A consideração de si mesmo 84
VI – A alegria da boa consciência.............................. 86
VII – O amor de Jesus sobre todas as coisas 88
VIII – A amizade familiar com Jesus 89
IX – A carência de toda consolação 92
X – A gratidão pela graça de Deus............................. 96

XI – O pequeno número dos que amam
a cruz de Jesus 99
XII – A estrada real da Santa Cruz 102

Livro Terceiro
A CONSOLAÇÃO INTERIOR 109
I – A conversação interior de Cristo
com a alma fiel 110
II – A verdade fala dentro de nós
sem ruído de palavras 111
III – As palavras de Deus devem-se ouvir
com humildade; muitos não as ponderam 113
IV – Devemos andar na presença de Deus
em verdade e humildade 116
V – Os admiráveis efeitos do divino amor 119
VI – A prova do verdadeiro amor 122
VII – A necessidade de ocultar a graça
sob a guarda da humildade 125
VIII – A vil estima de si mesmo
aos olhos de Deus 128
IX – Todas as coisas se devem referir a Deus
como a seu último fim 130
X – Desprezando o mundo, é doce servir a Deus 132
XI – Os desejos do coração devem-se
examinar e moderar 134

XII – A formação para a paciência e a luta
    contra as paixões 136
XIII – A obediência do súdito humilde
    conforme o exemplo de Jesus Cristo 138
XIV – Devem-se considerar os ocultos juízos
    de Deus, para que não nos
    desvaneçamos do bem..140
XV – De que modo proceder e falar nas
    coisas que se desejam 142
XVI – Só em Deus se há de buscar a
    verdadeira consolação 144
XVII – Todo o nosso cuidado se deve pôr em
    Deus somente 146
XVIII – Devem-se tolerar com serenidade
    de ânimo as misérias da vida,
    a exemplo de Cristo 147
XIX – A tolerância das injúrias e os sinais
    da verdadeira paciência 149
XX – A confissão da própria fraqueza
    e as misérias desta vida 151
XXI – Em Deus se há de descansar acima
    de todos os bens e graças 154

XXII – A lembrança dos inumeráveis benefícios
   de Deus 157
XXIII – Quatro elementos que trazem
   grande paz..160
XXIV – Deve-se evitar a curiosidade de
   saber da vida alheia..163
XXV – Em que consiste a verdadeira paz
   do coração e o verdadeiro
   aproveitamento da alma 164
XXVI – Excelência da liberdade de espírito,
   que mais se merece pela oração humilde
   que pelo estudo..166
XXVII – O amor-próprio é o maior obstáculo
   para chegar ao Sumo Bem 168
XXVIII – Contra a língua dos maldizentes...............170
XXIX – Como devemos invocar a Deus e
   bendizê-lo na hora da tribulação...........................171
XXX – Necessidade de pedir o auxílio divino
   e a confiança de recobrar a graça 172
XXXI – O desprezo de todas as criaturas,
   para se poder encontrar o Criador 175
XXXII – A abnegação de si mesmo e a renúncia
   a toda ambição 178

XXXIII – A instabilidade do coração e a
　　intenção para Deus, nosso último fim 180
XXXI – Como é delicioso o amor a Deus
　　em tudo e acima de tudo 181
XXXV – Nesta vida ninguém está livre
　　de tentações 183
XXXVI – Contra os vãos juízos dos homens 185
XXXVII – A pura e inteira renúncia de si mesmo
　　para alcançar a liberdade do coração 187
XXXVIII – O bom procedimento nas coisas
　　exteriores e o recurso a Deus nos perigos 188
XXXIX – O homem não se entregue
　　demasiadamente aos negócios 190
XL – O homem de si nada tem de bom,
　　nem de coisa alguma pode gloriar-se 191
XLI – O desprezo de toda honra temporal 193
XLII – A paz não deve ser posta nos homens 194
XLIII – Contra a vã ciência do mundo 196
XLIV – Não nos devemos embaraçar com
　　as coisas exteriores 198
XLV – Não se deve dar crédito a todos,
　　e como é fácil pecar por palavras 199
XLVI – A confiança que devemos ter em Deus,
　　quando nos dirigem palavras afrontosas 202

XLVII – Devem-se suportar todos os males
   por amor da vida eterna 205
XLVIII – O dia da eternidade e as misérias
   desta vida 207
XLIX – O desejo da vida eterna e a grandeza
   dos bens prometidos aos que combatem 210
L – O homem atribulado deve entregar-se nas
   mãos de Deus 214
LI – Devemos ocupar-nos de obras humildes,
   quando nos faltam forças para
   as mais elevadas 219
LII – O homem não deve julgar-se
   digno de consolação, mas sim de castigo 220
LIII – A graça de Deus não se comunica
   aos que gostam das coisas da terra 222
LIV – Os diversos movimentos
   da natureza e da graça..224
LV – A corrupção da natureza
   e a eficácia da graça divina 229
LVI – Devemos renunciar a nós mesmos
   e imitar a Cristo pela cruz 232
LVII – Não deve o homem desanimar,
   quando cai em alguma falta 234
LVIII – Não se devem perscrutar as coisas
   sublimes e os ocultos juízos de Deus 236

LIX – Só em Deus se há de pôr toda
a esperança e confiança..................................241

Livro Quarto
O SACRAMENTO DO ALTAR 245
I – Com que reverência se deve receber Cristo 246
II – Deus manifesta ao homem sua bondade
e seu amor no Sacramento da Eucaristia 252
III – A utilidade de comungar amiúde 256
IV – As graças abundantes que recebem os que
comungam devotamente 259
V – A dignidade do Sacramento e o
estado sacerdotal 262
VI – Pergunta preparatória à Comunhão 264
VII – O exame de consciência e o propósito
de emenda 265
VIII – O oferecimento de Cristo na cruz
e o dom de si 267
IX – Devemo-nos oferecer a Deus com tudo
o que é nosso e orar por todos 269
X – Não se deve deixar a sagrada Comunhão
sem causa legítima 271
XI – O Corpo de Cristo e a Sagrada Escritura
são de grande necessidade à alma fiel 275

XII – A grande diligência com que
se deve preparar quem vai receber Cristo 279

XIII – A alma devota deve desejar de todo
o coração unir-se a Cristo na comunhão 282

XIV – O desejo ardente que algumas almas santas
têm de receber o Corpo de Cristo 284

XV – A graça da devoção se alcança com a
humildade e a abnegação de si mesmo..............285

XVI – Devemos expor a Cristo as nossas
necessidades e pedir-lhe a sua graça..................288

XVII – O ardente amor e veemente desejo
de receber Cristo...289

XVIII – O homem não deve ser um curioso
perscrutador do Sacramento, mas humilde
imitador de Cristo, sujeitando seu
entendimento à sagrada fé................................292

Este livro foi composto com as famílias tipográficas Calisto MT e Segoe UI e impresso em papel Offset 56g/m² pela **Gráfica Santuário**.